사고력 수학 소마가 개발한 연산학습의 새 기준!!
소마의 **마**술같은 원리**셈**

소마셈

D3
4학년

수학이 즐거워지는 특별한 수학교실
소마에서 개발한 연산교재 소마셈 **소마셈**

2002년 대치소마 개원 이후로 끊임없는 교재 연구와 교구의 개발은 소마의 자랑이자 자부심입니다. 교구, 게임, 토론 등의 다양한 활동식 수업으로 스스로 문제해결능력을 키우고, 아이들이 수학에 대한 흥미와 자신감을 가질 수 있도록 차별성 있는 수업을 해 온 소마에서 연산 학습의 새로운 패러다임을 제시합니다.

연산 교육의 현실

연산 교육의 가장 큰 폐해는 '초등 고학년 때 연산이 빠르지 않으면 고생한다.'는 기존 연산 학습지의 왜곡된 마케팅으로 인해 단순 반복을 통한 기계적 연산을 강조하는 것입니다. 하지만, 기계적 반복을 위주로 하는 연산은 개념과 원리가 빠진 연산 학습으로써 아이들이 수학을 싫어하게 만들 뿐 아니라 사고의 확장을 막는 학습방법입니다.

초등수학 교과과정과 연산

초등교육과정에서는 문자와 기호를 사용하지 않고 말로 풀어서 연산의 개념과 원리를 설명하다가 중등교육과정부터 문자와 기호를 사용합니다. 교과서를 살펴보면 모든 연산의 도입에 원리가 잘 설명되어 있습니다. 요즘 현실에서는 연산의 원리를 묻는 서술형 문제도 많이 출제되고 있는데 연산은 연습이 우선이라는 인식이 아직도 지배적입니다.

연산 학습은 어떻게?

연산 교육은 별도로 떼어내어 추상적인 숫자나 기호만 가지고 다뤄서는 절대로 안됩니다. 구체물을 가지고 생각하고 이해한 후, 연산 연습을 하는 것이 필요합니다. 또한, 속도보다 정확성을 위주로 학습하여 실수를 극복할 수 있는 좋은 습관을 갖추는 데에 초점을 맞춰야 합니다.

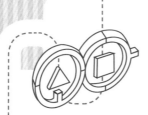 소마셈 연산학습 방법

 10이 넘는 한 자리 덧셈   **구체물을 통한 개념의 이해**

덧셈과 뺄셈의 기본은 수를 세는 데에 있습니다. 8+4는 8에서 1씩 4번을 더 센 것이라는 개념이 중요합니다. 10의 보수를 이용한 받아 올림을 생각하면 8+4는 (8+2)+2지만 연산 공부를 시작할 때에는 덧셈의 기본 개념에 충실한 것이 좋습니다. 이 책은 구체물을 통해 개념을 이해할 수 있도록 구체적인 예를 든 연산 문제로 구성하였습니다.

 가로셈   **가로셈을 통한 수에 대한 사고력 기르기**

세로셈이 잘못된 방법은 아니지만 연산의 원리는 잊고 받아 올림한 숫자는 어디에 적어야 하는지만을 기억하여 마치 공식처럼 풀게 합니다. 기계적으로 반복하는 연습은 생각없이 연산을 하게 만듭니다. 가로셈을 통해 원리를 생각하고 수를 쪼개고 붙이는 등의 과정에서 키워질 수 있는 수에 대한 사고력도 매우 중요합니다.

 곱셈구구   **곱셈도 개념 이해를 바탕으로**

곱셈구구는 암기에만 초점을 맞추면 부작용이 큽니다. 곱셈은 덧셈을 압축한 것이라는 원리를 이해하며 구구단을 외움으로써 연산을 빨리 할 수 있다는 것을 알게 해야 합니다. 곱셈구구를 외우는 것도 중요하지만 곱셈의 의미를 정확하게 아는 것이 더 중요합니다. 4×3을 할 줄 아는 학생이 두 자리 곱하기 한 자리는 안 배워서 45×3을 못 한다고 말하는 일은 없도록 해야 합니다.

소마셈 학습가이드

K단계 (5, 6, 7세) • 연산을 시작하는 단계

뛰어세기, 거꾸로 뛰어세기를 통해 수의 연속한 성질(linearity)을 이해하고 덧셈, 뺄셈을 공부합니다. 각 권의 호흡은 짧지만 일관성 있는 접근으로 자연스럽게 나선형식 반복학습의 효과가 있도록 하였습니다.

학습대상 : 연산을 시작하는 아이와 한 자리 수 덧셈을 구체물(손가락 등)을 이용하여 해결하는 아이

학습목표 : 수와 연산의 튼튼한 기초 만들기

P단계 (7세, 1학년) • 받아올림이 있는 덧셈, 뺄셈을 배울 준비를 하는 단계

5, 6, 9 뛰어세기를 공부하면서 10을 이용한 더하기, 빼기의 편리함을 알도록 한 후, 가르기와 모으기의 집중학습으로 보수 익히기, 10의 보수를 이용한 덧셈, 뺄셈의 원리를 공부합니다.

학습대상 : 받아올림이 없는 한 자리 수의 덧셈을 할 줄 아는 학생

학습목표 : 받아올림이 있는 연산의 토대 만들기

A단계 (1학년) • 초등학교 1학년 교과과정 연산

받아올림이 있는 한 자리 수의 덧셈, 뺄셈은 연산 전체에 매우 중요한 단계입니다. 원리를 정확하게 알고 A1에서 A4까지 총 4권에서 한 자리 수의 연산을 다양한 과정으로 연습하도록 하였습니다.

학습대상 : 초등학교 1학년 수학교과과정을 공부하는 학생

학습목표 : 10의 보수를 이용한 받아올림이 있는 덧셈, 뺄셈

B단계 (2학년) • 초등학교 2학년 교과과정 연산

두 자리, 세 자리 수의 연산을 다룬 후 곱셈, 나눗셈을 다루는 과정에서 곱셈구구의 암기를 확인하기보다는 곱셈구구를 외우는데 도움이 되고, 곱셈, 나눗셈의 원리를 확장하여 사고할 수 있도록 하는데 초점을 맞추었습니다.

학습대상 : 초등학교 2학년 수학교과과정을 공부하는 학생

학습목표 : 덧셈, 뺄셈의 완성 / 곱셈, 나눗셈의 원리를 정확하게 알고 개념 확장

C단계 (3학년) • 초등학교 3, 4학년 교과과정 연산

B단계까지의 소마셈은 다양한 문제를 통해서 학생들이 즐겁게 연산을 공부하고 원리를 성확하게 알게 하는데 초점을 맞추었다면, C단계는 3학년 과정의 큰 수의 연산과 4학년 과정의 혼합 계산, 괄호를 사용한 식 등, 필수 연산의 연습을 충실히 할 수 있도록 하였습니다.

학습대상 : 초등학교 3, 4학년 수학교과과정을 공부하는 학생

학습목표 : 큰 수의 곱셈과 나눗셈, 혼합 계산

D단계 (4학년) • 초등학교 4, 5학년 교과과정 연산

분모가 같은 분수의 덧셈과 뺄셈, 소수의 덧셈과 뺄셈을 공부하여 초등 4학년 과정 연산을 마무리하고 초등 5학년 연산과정에서 가장 중요한 약수와 배수, 분모가 다른 분수의 덧셈과 뺄셈을 충분히 익힐 수 있도록 하였습니다.

학습대상 : 초등학교 4, 5학년 수학교과과정을 공부하는 학생

학습목표 : 분모가 같은 분수의 덧셈과 뺄셈, 소수의 덧셈과 뺄셈, 분모가 다른 분수의 덧셈과 뺄셈

소마셈 단계별 학습내용

K단계 추천연령 : 5, 6, 7세

단계	K1	K2	K3	K4
권별 주제	10까지의 더하기와 빼기 1	20까지의 더하기와 빼기 1	10까지의 더하기와 빼기 2	20까지의 더하기와 빼기 2
단계	K5	K6	K7	K8
권별 주제	10까지의 더하기와 빼기 3	20까지의 더하기와 빼기 3	20까지의 더하기와 빼기 4	7까지의 가르기와 모으기

P단계 추천연령 : 7세, 1학년

단계	P1	P2	P3	P4
권별 주제	30까지의 더하기와 빼기 5	30까지의 더하기와 빼기 6	30까지의 더하기와 빼기 10	30까지의 더하기와 빼기 9
단계	P5	P6	P7	P8
권별 주제	9까지의 가르기와 모으기	10 가르기와 모으기	10을 이용한 더하기	10을 이용한 빼기

A단계 추천연령 : 1학년

단계	A1	A2	A3	A4
권별 주제	덧셈구구	뺄셈구구	세 수의 덧셈과 뺄셈	□가 있는 덧셈과 뺄셈
단계	A5	A6	A7	A8
권별 주제	(두 자리 수) + (한 자리 수)	(두 자리 수) − (한 자리 수)	두 자리 수의 덧셈과 뺄셈	□가 있는 두 자리 수의 덧셈과 뺄셈

B단계 추천연령 : 2학년

단계	B1	B2	B3	B4
권별 주제	(두 자리 수) + (두 자리 수)	(두 자리 수) − (두 자리 수)	세 자리 수의 덧셈과 뺄셈	덧셈과 뺄셈의 활용
단계	B5	B6	B7	B8
권별 주제	곱셈	곱셈구구	나눗셈	곱셈과 나눗셈의 활용

C단계 추천연령 : 3학년

단계	C1	C2	C3	C4
권별 주제	두 자리 수의 곱셈	두 자리 수의 곱셈과 활용	두 자리 수의 나눗셈	세 자리 수의 나눗셈과 활용
단계	C5	C6	C7	C8
권별 주제	큰 수의 곱셈	큰 수의 나눗셈	혼합 계산	혼합 계산의 활용

D단계 추천연령 : 4학년

단계	D1	D2	D3	D4
권별 주제	분모가 같은 분수의 덧셈과 뺄셈(1)	분모가 같은 분수의 덧셈과 뺄셈(2)	소수의 덧셈과 뺄셈	약수와 배수
단계	D5	D6		
권별 주제	분모가 다른 분수의 덧셈과 뺄셈(1)	분모가 다른 분수의 덧셈과 뺄셈(2)		

구성과 특징

① 수 이야기

생활 속의 수 이야기를 통해 수와 연산의 이해를 돕습니다. 수의 역사나 재미있는 연산 문제를 접하면서 수학이 재미있는 공부가 되도록 합니다.

② 원리

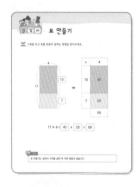
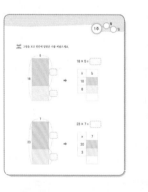

가장 기본적인 연산의 원리를 소개합니다. 이때 다양한 방법을 제시하되 가장 효과적인 방법을 적용할 수 있도록 단계적으로 접근하여 충분한 원리의 이해를 돕습니다.

쇼마의 마술같은 원리셈

연습

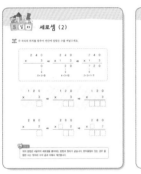 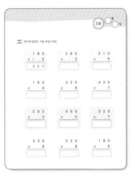

원리의 이해를 바탕으로 연산이 익숙해지도록 연습합니다. 먼저 반복적인 연산 연습 후에 나아가 배운 원리를 활용하여 확장된 문제를 해결합니다.

Drill (보충학습)

 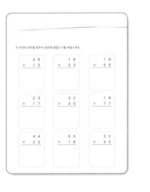

주차별 주제에 대한 연습이 더 필요한 경우 보충학습을 활용합니다.

TIP 연산과정의 확인이 필수적인 주제는 Drill 의 양을 2배로 담았습니다.

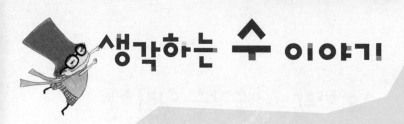

분수와 소수의 관계

1보다 작은 부분도 수로 나타낼 수 있을까요? 1보다 크고 2보다 작은 수는 어떻게 나타 낼까요? 이렇게 일의 자리보다 작은 자릿값을 가진 수를 나타낼 수 있는 새로운 수의 필 요성에 의해 만들어진 수를 소수라고 해요. 소수란 분수를 십진법에 맞게 표현한 것이 라고 생각하면 된답니다. 그렇다면 분수와 소수는 얼마나 닮은 걸까요?

소수는 분수가 생긴 지 3000년이 지난 후에야 만들어진 수랍니다. 하지만 분수와 소수 는 그 표현 방법이 다를 뿐 서로 같은 수라고 생각하면 돼요. 같은 수이기 때문에 분수는 소수로, 소수는 분수로 서로 바꿀 수 있답니다.

먼저, 분모가 10, 100, 1000, …인 분수는 모두 소수로 나타낼 수 있어요.
분모가 10이면 소수 한 자리 수로, 분모가 100이면 소수 두 자리 수로, 분모가 1000이면 소수 세 자리 수로 쉽게 바꾸어 나타낼 수 있어요. 하지만 분모가 10의 배수가 아니어도 소수로 바꿀 수 있는데, 바로 분자를 분모로 나누어 주는 방법을 이용하면 돼요. 예를 들 어 $\frac{3}{5}$=3÷5=0.6과 같이 소수로 바꾸어 나타낼 수 있답니다.

1을 10등분한 것 중 하나	1을 5등분한 것 중 하나
분수 $\frac{1}{10}$ / 소수 0.1	분수 $\frac{1}{5}$ / 소수 0.2
1을 100등분한 것 중 하나	1을 4등분한 것 중 하나
분수 $\frac{1}{100}$ / 소수 0.01	분수 $\frac{1}{4}$ / 소수 0.25
1을 1000등분한 것 중 하나	1을 8등분한 것 중 하나
분수 $\frac{1}{1000}$ / 소수 0.001	분수 $\frac{1}{8}$ / 소수 0.125

소마셈 D3 - 1주차

자릿수가 같은 소수의 덧셈

소수 한 자리 수의 덧셈 (1)

 다음과 같이 소수의 덧셈을 하는 방법을 알아보고, 빈칸에 알맞은 수를 써넣으세요.

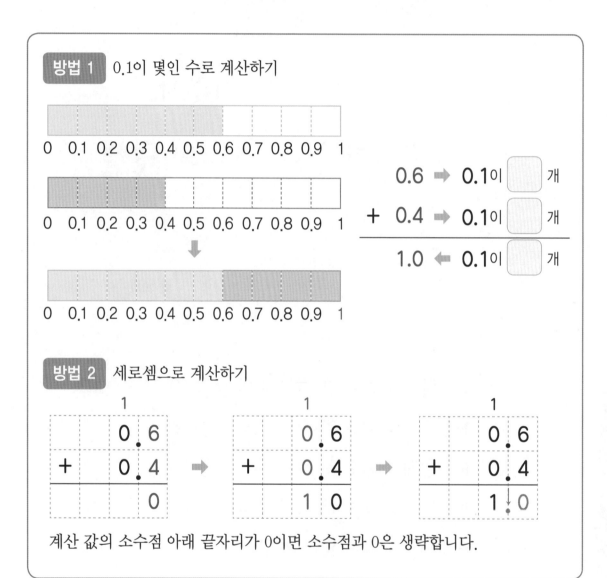

방법 1 0.1이 몇인 수로 계산하기

0.6 ➡ 0.1이 ☐ 개

+ 0.4 ➡ 0.1이 ☐ 개

1.0 ⬅ 0.1이 ☐ 개

방법 2 세로셈으로 계산하기

```
  1                1                1
  0.6              0.6              0.6
+ 0.4          +   0.4          +   0.4
―――――          ―――――――          ―――――――
    0              1 0              1 0
```

계산 값의 소수점 아래 끝자리가 0이면 소수점과 0은 생략합니다.

 TIP

소수의 덧셈과 뺄셈은 자연수의 계산과 비슷합니다. 소수점 찍는 자리에 주의하여 계산을 하고, 답을 쓸 때도 소수점을 찍지 않는 실수를 하지 않도록 주의합니다.

소수의 덧셈을 하세요.

```
      1
      0 . 3
  +   1 . 9
  ─────────
      2 . 2
```

```
      0 . 4
  +   0 . 3
  ─────────
```

```
      1 . 7
  +  12 . 4
  ─────────
```

```
      0 . 5
  +   0 . 9
  ─────────
```

```
    1 5 . 8
  +   0 . 8
  ─────────
```

```
      1 . 4
  +   1 . 2
  ─────────
```

```
      3 . 5
  +   0 . 7
  ─────────
```

```
      5 . 2
  +  14 . 6
  ─────────
```

```
      0 . 3
  +  21 . 7
  ─────────
```

```
      1 . 5
  +   1 . 3
  ─────────
```

```
      2 . 4
  +   1 . 5
  ─────────
```

```
    2 0 . 5
  +   2 . 9
  ─────────
```

 소수의 덧셈을 하세요.

```
      1.3
  + 1 5.7
    1 7
```

```
      0.4
  +   3.5
```

```
      5.3
  +   3.2
```

```
      2.6
  + 1 1.8
```

```
      4.2
  + 1 3.6
```

```
    4 1.7
  +   0.9
```

```
      2.6
  +   2.5
```

```
      1.8
  +   3.3
```

```
      2.5
  + 1 4.2
```

```
      1.1
  + 1 5.4
```

```
      3.9
  +   5.2
```

```
    1 0.4
  + 1 6.3
```

소수 한 자리 수의 덧셈 (2)

 각 자리의 위치를 맞추어 소수의 덧셈을 하세요.

0.3 + 1.9
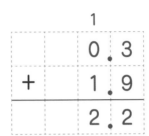

1.5 + 0.8
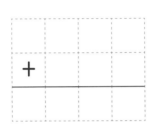

12.4 + 0.7
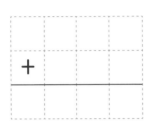

12.5 + 26.6
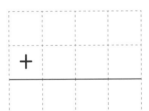

16.5 + 0.3

40.6 + 0.5

2.8 + 4.6
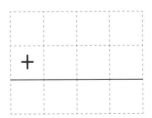

0.9 + 16.1
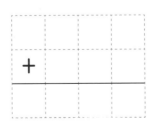

4.2 + 1.7
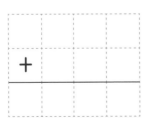

각 자리의 위치를 맞추어 소수의 덧셈을 하세요.

5.2 + 1.8

$$
\begin{array}{r}
5.2 \\
+\ 1.8 \\
\hline
\end{array}
$$

17.7 + 0.4

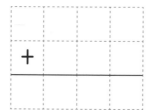

5.6 + 3.3

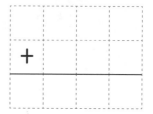

3.2 + 6.7

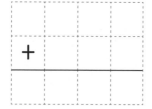

2.3 + 17.3

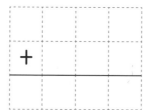

31.9 + 10.8

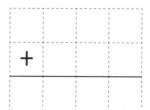

16.1 + 5.9

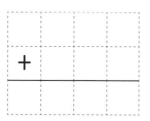

0.5 + 8.1

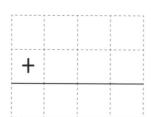

11.8 + 15.6

소수 두 자리 수의 덧셈 (1)

 다음과 같이 소수의 덧셈을 하는 방법을 알아보고, 빈칸에 알맞은 수를 써넣으세요.

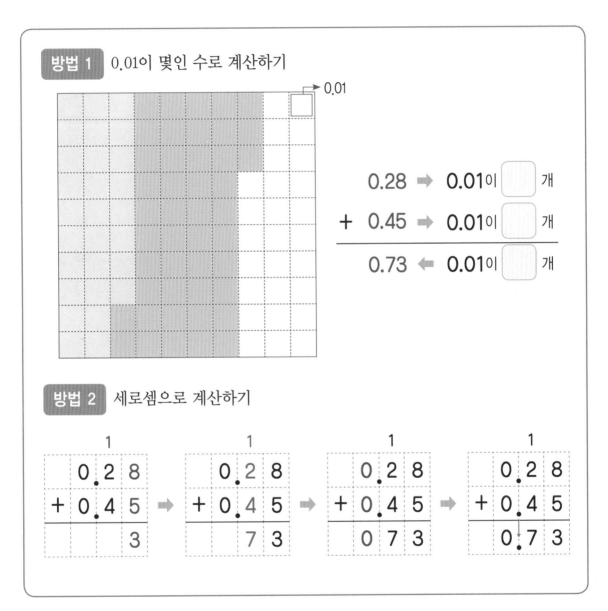

방법 1 0.01이 몇인 수로 계산하기

→ 0.01

0.28 ➡ 0.01이 ☐ 개

+ 0.45 ➡ 0.01이 ☐ 개

0.73 ⬅ 0.01이 ☐ 개

방법 2 세로셈으로 계산하기

	1	
0	.2	8
+0	.4	5
		3

➡

	1	
0	.2	8
+0	.4	5
	7	3

➡

	1	
0	.2	8
+0	.4	5
0	7	3

➡

	1	
0	.2	8
+0	.4	5
0	.7	3

TIP

소수 한 자리 수의 덧셈에서와 같이 계산 값의 소수점 아래 끝자리 0은 생략합니다. 이때 소수점 뒤로 모두 0이면 소수점도 생략합니다.

 소수의 덧셈을 하세요.

1
```
    0 . 2 5
  + 1 . 5 7
  ─────────
    1 . 8 2
```

```
    1 . 5 2
  + 0 . 4 5
  ─────────
```

```
    3 . 1 2
  + 0 . 1 9
  ─────────
```

```
    1 . 5 6
  + 1 . 2 5
  ─────────
```

```
    0 . 7 7
  + 1 . 4 2
  ─────────
```

```
    0 . 1 4
  + 0 . 8 3
  ─────────
```

```
    1 . 5 8
  + 2 . 6 2
  ─────────
```

```
    0 . 3 4
  + 2 . 5 7
  ─────────
```

```
    2 . 7 5
  + 1 . 5 5
  ─────────
```

```
    4 . 2 9
  + 1 . 7 5
  ─────────
```

```
    5 . 1 2
  + 2 . 6 4
  ─────────
```

```
    1 . 8 8
  + 0 . 1 3
  ─────────
```

소수의 덧셈을 하세요.

```
    0 . 7 6
+   0 . 2 4
```

```
    1 . 7 8
+   5 . 2 4
```

```
    4 . 6 4
+   1 . 3 9
```

```
    2 . 2 4
+   1 . 0 8
```

```
    0 . 2 4
+   3 . 7 7
```

```
    1 . 5 1
+   3 . 6 9
```

```
    2 . 4 8
+   1 . 0 7
```

```
    1 . 0 6
+   2 . 5 5
```

```
    6 . 1 8
+   0 . 5 3
```

```
    4 . 5 7
+   0 . 2 5
```

```
    0 . 5 5
+   2 . 7 6
```

```
    1 . 4 9
+   2 . 5 9
```

소수 두 자리 수의 덧셈 (2)

 각 자리의 위치를 맞추어 소수의 덧셈을 하세요.

0.85 + 2.55

```
      1   1
    0 . 8   5
+   2 . 5   5
─────────────
    3 . 4
```

1.24 + 0.38

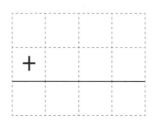

1.47 + 2.56

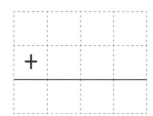

3.57 + 2.68

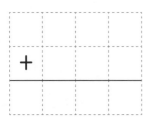

1.59 + 0.37

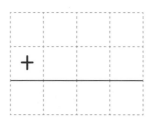

4.63 + 0.58

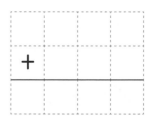

2.98 + 4.06

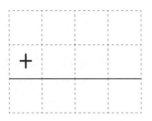

0.57 + 1.19

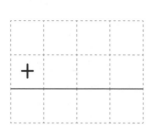

7.02 + 1.88

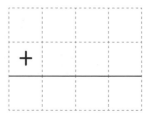

각 자리의 위치를 맞추어 소수의 덧셈을 하세요.

6.25 + 1.08

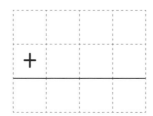

1.79 + 0.54

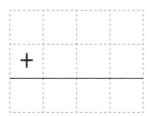

4.66 + 3.44

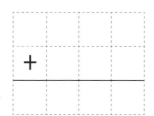

0.87 + 3.72

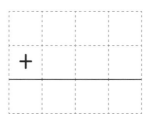

2.38 + 1.67

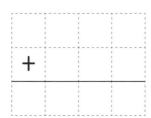

0.17 + 6.83

5.17 + 3.94

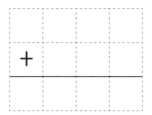

0.46 + 7.01

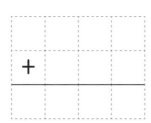

8.08 + 1.75

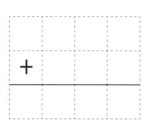

소수 덧셈 퍼즐

🌱 양쪽 [ ] 안의 두 수의 합을 빈칸에 써넣으세요.

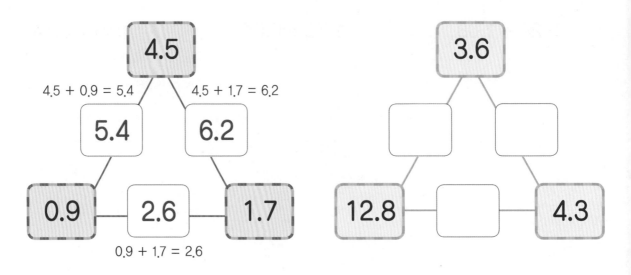

4.5 + 0.9 = 5.4   4.5 + 1.7 = 6.2

5.4   6.2

0.9   2.6   1.7

0.9 + 1.7 = 2.6

3.6

12.8   4.3

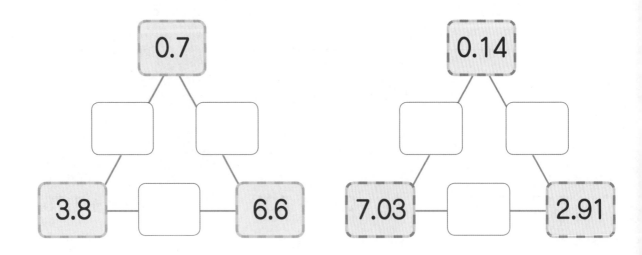

0.7

3.8   6.6

0.14

7.03   2.91

양쪽 ⬚ 안의 두 수의 합을 빈칸에 써넣으세요.

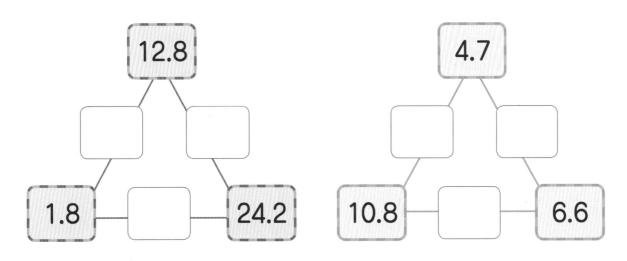

Note

소마셈 D3 - 2주차

자릿수가 다른 소수의 덧셈

소수 한 자리 수와 소수 몇 자리 수 덧셈

 다음과 같이 소수의 덧셈을 하는 방법을 알아보고, 빈칸에 알맞은 수를 써넣으세요.

방법 1 0.01이 몇인 수로 계산하기

$$0.37 \Rightarrow 0.01이 \boxed{37} 개$$
$$+\ 0.8 \Rightarrow 0.01이 \boxed{80} 개$$
$$\overline{1.17 \Leftarrow 0.01이 \boxed{117} 개}$$

$$0.7 \Rightarrow 0.01이 \boxed{} 개$$
$$+\ 0.54 \Rightarrow 0.01이 \boxed{} 개$$
$$\overline{1.24 \Leftarrow 0.01이 \boxed{} 개}$$

방법 2 세로셈으로 계산하기

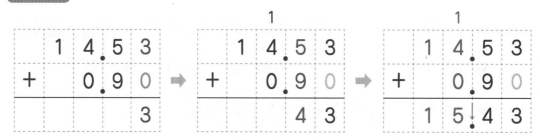

소수의 자릿수가 다른 소수끼리의 덧셈은 소수점 아래 끝자리에 0이 있는 것으로 생각하여 계산하고 소수점을 그대로 내려찍으면 됩니다.

TIP

자릿수가 다른 소수의 덧셈도 자릿수가 같은 소수의 덧셈과 같은 원리입니다. 소수점을 중심으로 같은 자릿수끼리 줄을 맞추어 쓰고 계산해야 함을 주의합니다.

소수의 덧셈을 하세요.

		1		
	0	. 7	
+	5	. 3	4
	6	. 0	4

	1	8	. 5	
+		0	. 2	9

	3	. 8		
+	0	. 2	5	7

	3	1	. 9	4
+		5	. 7	

		4	. 0	7
+	1	5	. 6	

	1	. 5	0	9
+	1	. 3		

	5	. 4	8	
+	6	. 8	

		4	. 3	
+	1	0	. 5	4

	3	. 4		
+	0	. 7	2	8

	0	. 7		
+	1	9	. 3	4

		5	. 6	
+		4	. 4	3

	2	. 5	5	4
+	0	. 9		

 소수의 덧셈을 하세요.

```
      1
      4.9            3 3.5 4          8.6
  +   7.2 5       +     5.4       + 3.1 9 5
    1 2.1 5
```

```
  1 3.5              0.9 4          7.3
+ 1 1.7 2        +   6.8        + 2.1 0 4
```

```
      0.8              8.2          0.8 0 7
  +   7.3 3       + 1 3.5 7      + 3.2
```

```
  4 0.5            2 0.3            7.1 6 6
+   7.3 6        + 1 4.4 9      + 4.5
```

소수 두 자리 수와 소수 몇 자리 수 덧셈

 소수의 덧셈을 하세요.

	1			
	2 . 9	4	7
+	0 . 8	3	
	3 . 7	7	7

	5 . 8	3	
+	1 . 2	3	2

	0 . 3	7	
+	4 . 5	6	2

	0 . 1	3	5
+	7 . 9	2	

	6 . 2	0	7
+	4 . 8	1	

	6 . 4	2	
+	3 . 2	8	4

	6 . 1	0	4
+	8 . 7	2	

	0 . 8	0	2
+	3 . 2	2	

	0 . 7	9	
+	4 . 2	3	5

	3 . 5	7	
+	1 . 8	8	2

	6 . 5	2	
+	0 . 5	0	8

	9 . 1	2	5
+	0 . 8	7	

소수의 덧셈을 하세요.

```
      1
    2 . 5 6
 +  1 . 0 7 7
 ─────────────
    3 . 6 3 7
```

```
    6 . 2 2
 +  1 . 8 7 3
 ─────────────
```

```
    4 . 5 6 2
 +  0 . 8 2
 ─────────────
```

```
    0 . 3 5 7
 +  7 . 8 9
 ─────────────
```

```
    1 . 1 8 2
 +  2 . 9 2
 ─────────────
```

```
    6 . 0 7
 +  2 . 3 3 4
 ─────────────
```

```
    1 . 6 8
 +  3 . 3 0 8
 ─────────────
```

```
    6 . 2 4
 +  1 . 5 3 4
 ─────────────
```

```
    0 . 4 5 6
 +  3 . 3 3
 ─────────────
```

```
    2 . 7 5
 +  1 . 0 4 5
 ─────────────
```

```
    0 . 0 5
 +  0 . 8 7 2
 ─────────────
```

```
    1 . 6 8 2
 +  3 . 0 7
 ─────────────
```

자릿수가 다른 소수의 덧셈

 각 자리의 위치를 맞추어 소수의 덧셈을 하세요.

0.6 + 3.58

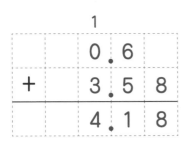

0.683 + 4.6

15.4 + 3.78

3.204 + 1.68

14.2 + 7.35

5.07 + 7.9

13.5 + 4.07

8.6 + 1.456

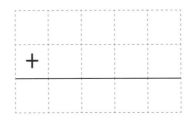

13.02 + 1.9

 각 자리의 위치를 맞추어 소수의 덧셈을 하세요.

4.15 + 3.6

$$\begin{array}{r} 4.15 \\ +\ 3.6\ \ \\ \hline \end{array}$$

6.207 + 8.83

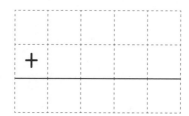

9.3 + 3.507

7.817 + 2.6

24.9 + 0.46

16.5 + 9.58

30.56 + 4.8

7.3 + 10.53

4.53 + 0.077

자연수와 소수의 덧셈

 다음과 같이 자연수와 소수의 덧셈을 하는 방법을 알아보고, 빈칸에 알맞은 수를 써넣으세요.

		5			→			5 .	0	0
+		4 .	3	6		+		4 .	3	6
								9 .	3	6

4.36이 소수 두 자리 수이므로 5를 소수 두 자리 수로 만듭니다. (5 → 5.00)

			8		
+	1	0 .	5	7	

		7		
+	1 .	0	3	

	3	1		
+		7 .	8	

		7 .	5	5
+	1	3		

		4 .	6	5
+		7		

		2	5	
+		1	8 .	3

		8		
+		6 .	5	7

	9 .	4	7	
+	9			

			9	
+		2	1 .	7

 TIP

자연수를 소수로 고친 후 소수점을 중심으로 자연수와 소수를 같은 자릿수끼리 줄을 맞추어 쓰고 계산합니다.

 각 자리의 위치를 맞추어 소수의 덧셈을 하세요.

4 + 3.27

$$
\begin{array}{r}
4 \\
+\quad 3.2\ 7 \\
\hline
7.2\ 7
\end{array}
$$

5 + 17.6

6 + 3.157

6.67 + 13

5.305 + 7

28 + 22.29

9 + 4.56

12 + 49.9

0.086 + 5

 각 자리의 위치를 맞추어 소수의 덧셈을 하세요.

0.12 + 7

6 + 23.9

4.13 + 8

15 + 7.08

9 + 7.524

16 + 8.17

7 + 3.135

35.7 + 20

6 + 3.057

 다음을 읽고 알맞은 식을 쓰고, 답을 구하세요.

선우는 우유를 0.7L 마셨고, 은택이는 0.6L 마셨습니다. 두 사람이 마신 우유는 모두 몇 L일까요?

식 : 0.7 + 0.6 = 1.3

 L

무게가 0.87kg인 상자 안에 무게가 1.38kg인 장난감이 들어있습니다. 장난감이 담긴 상자의 무게는 몇 kg일까요?

식 :

 kg

다음을 읽고 알맞은 식을 쓰고, 답을 구하세요.

물통에 2L의 물이 있습니다. 이 물통에 1.54L의 물을 더 담았다면 물통에 들어있는 물의 양은 몇 L일까요?

식 :

 L

어머니께서 정육점에서 돼지고기 1.5kg과 소고기 1.657kg을 샀습니다. 어머니께서 정육점에서 산 고기는 모두 몇 kg일까요?

식 :

 kg

 다음을 읽고 알맞은 식을 쓰고, 답을 구하세요.

2.548L의 물이 들어 있는 주전자에 1.39L의 물을 더 부었습니다. 주전자에 들어 있는 물은 모두 몇 L가 될까요?

식 :

L

선아네 집에서 학교까지의 거리는 0.38km이고, 학교에서 도서관까지의 거리는 1.792km입니다. 선아네 집에서 학교를 거쳐 도서관까지의 거리는 모두 몇 km일까요?

식 :

Km

윤아의 반지의 무게는 7.32g이고, 목걸이의 무게는 5.96g입니다. 윤아의 반지와 목걸이의 무게는 모두 몇 g일까요?

식 :

g

 다음을 읽고 알맞은 식을 쓰고, 답을 구하세요.

무게가 0.9kg인 바구니 안에 무게가 2.305kg인 책들이 들어있습니다. 책들이 담긴 바구니의 무게는 몇 kg일까요?

식 :

☐ Kg

형진이의 동생의 키는 87cm입니다. 형진이는 동생의 키보다 8.56cm 더 큽니다. 형진이의 키는 몇 cm일까요?

식 :

☐ cm

은아와 태연이가 밤을 따러 갔습니다. 은아는 1.27kg, 태연이는 3.9kg의 밤을 땄습니다. 은아와 태연이가 딴 밤은 모두 몇 kg일까요?

식 :

☐ Kg

소마셈 D3 – 3주차

자릿수가 같은 소수의 뺄셈

소수 한 자리 수의 뺄셈 (1)

 다음과 같이 소수의 뺄셈을 하는 방법을 알아보고, 빈칸에 알맞은 수를 써넣으세요.

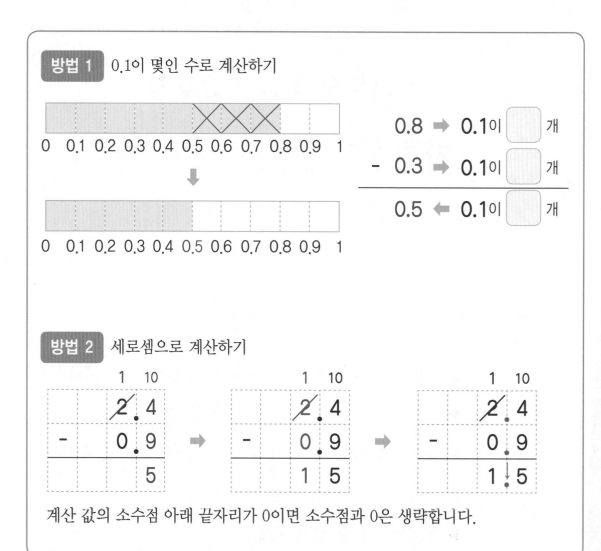

계산 값의 소수점 아래 끝자리가 0이면 소수점과 0은 생략합니다.

소수점끼리 자리를 맞추고 일의 자리부터 자연수의 뺄셈과 같은 방법으로 계산합니다. 답을 쓸 때 소수점을 찍지 않는 실수를 하지 않도록 주의합니다.

소수의 뺄셈을 하세요.

```
        3  10
      4̸ . 5              1 5 . 4              9 . 7
  -   0 . 8          -     7 . 4          -   2 . 8
  ─────────          ─────────          ─────────
      3 . 7
```

```
      0 . 8              1 . 2              2 6 . 5
  -   0 . 3          -   0 . 9          -     7 . 6
  ─────────          ─────────          ─────────
```

```
    1 8 . 3            3 8 . 2            4 5 . 7
  -   7 . 7          - 1 6 . 5          - 1 0 . 9
  ─────────          ─────────          ─────────
```

```
      8 . 4            4 2 . 5            2 2 . 3
  -   4 . 6          -   9 . 6          -   7 . 5
  ─────────          ─────────          ─────────
```

 소수의 뺄셈을 하세요.

```
         0   10
         1̸ . 3
     -   0 . 4
     ─────────
         0 . 9
```

```
     2   1 . 5
   -     7 . 3
   ───────────
```

```
     1   3 . 3
   -     0 . 8
   ───────────
```

```
       9 . 2
   -   3 . 3
   ─────────
```

```
     1   7 . 7
   -     0 . 9
   ───────────
```

```
     4   2 . 3
   - 1   6 . 6
   ───────────
```

```
       4 . 6
   -   2 . 8
   ─────────
```

```
     4   0 . 4
   -     7 . 9
   ───────────
```

```
     3   0 . 8
   - 1   5 . 5
   ───────────
```

```
       3 . 2
   -   1 . 6
   ─────────
```

```
     7   8 . 8
   - 1   9 . 8
   ───────────
```

```
     4   6 . 2
   - 1   3 . 5
   ───────────
```

소수 한 자리 수의 뺄셈 (2)

 각 자리의 위치를 맞추어 소수의 뺄셈을 하세요.

2.1 - 0.4

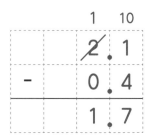

13.4 - 6.7

29.5 - 15.8

2.5 - 0.8

17.5 - 9.9

20.7 - 12.7

4.2 - 1.7

34.5 - 17.6

41.5 - 10.9

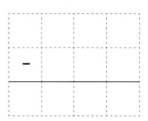

각 자리의 위치를 맞추어 소수의 **뺄셈**을 하세요.

6.2 - 0.6

23.6 - 10.7

18.9 - 7.6

7.6 - 4.6

42.1 - 8.8

32.2 - 0.9

5.2 - 2.9

20.7 - 8.8

26.6 - 15.7

3 일 차 소수 두 자리 수의 뺄셈 (1)

 다음과 같이 소수의 뺄셈을 하는 방법을 알아보고, 빈칸에 알맞은 수를 써넣으세요.

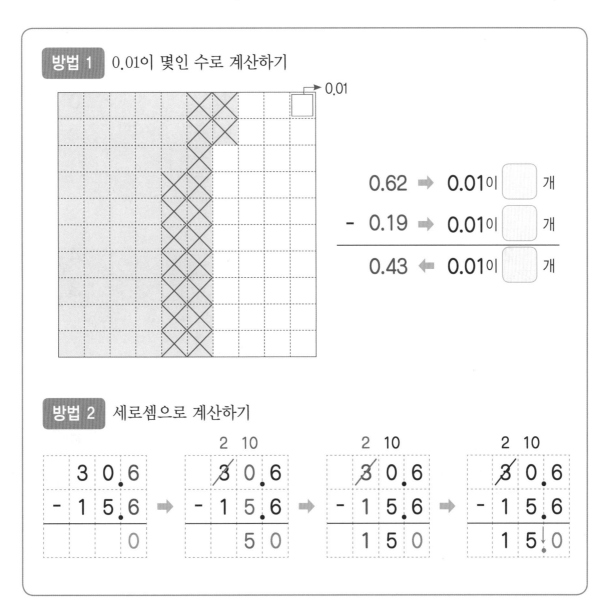

방법 1 0.01이 몇인 수로 계산하기

→ 0.01

0.62 ➡ 0.01이 ☐ 개

− 0.19 ➡ 0.01이 ☐ 개

0.43 ⬅ 0.01이 ☐ 개

방법 2 세로셈으로 계산하기

```
        2 10        2 10        2 10
  3 0.6     3̸ 0 6     3̸ 0 6     3̸ 0 6
− 1 5.6   − 1 5 6   − 1 5 6   − 1 5 6
───────   ───────   ───────   ───────
      0       5 0     1 5 0     1 5 0
```

TIP

소수 한 자리 수의 덧셈에서와 같이 계산 값의 소수점 아래 끝자리 0은 생략합니다. 이때 소수점 뒤로 모두 0이면 소수점도 생략합니다.

🌱 소수의 뺄셈을 하세요.

```
        5  10
    0 . 6̸  3
  -  0 . 2  5
  ─────────────
    0 . 3  8
```

```
    0 . 4  2
  -  0 . 1  1
  ─────────────
```

```
    1 . 3  5
  -  0 . 1  7
  ─────────────
```

```
    2 . 1  2
  -  0 . 5  2
  ─────────────
```

```
    3 . 9  3
  -  1 . 5  4
  ─────────────
```

```
    4 . 6  2
  -  3 . 2  5
  ─────────────
```

```
    5 . 8  5
  -  1 . 2  6
  ─────────────
```

```
    3 . 2  7
  -  0 . 5  7
  ─────────────
```

```
    5 . 0  3
  -  1 . 5  5
  ─────────────
```

```
    4 . 0  6
  -  0 . 5  8
  ─────────────
```

```
    2 . 1  6
  -  0 . 5  6
  ─────────────
```

```
    3 . 5  7
  -  1 . 9  3
  ─────────────
```

소수의 뺄셈을 하세요.

```
   0 . 7 3
 - 0 . 4 4
```

```
   1 . 0 7
 - 0 . 0 9
```

```
   0 . 6 5
 - 0 . 3 9
```

```
   4 . 2 5
 - 0 . 1 7
```

```
   3 . 5 6
 - 2 . 5 6
```

```
   8 . 4 2
 - 3 . 5 2
```

```
   4 . 6 3
 - 2 . 5 7
```

```
   1 . 9 2
 - 0 . 8 3
```

```
   4 . 4 3
 - 1 . 7 3
```

```
   6 . 2 3
 - 2 . 5 8
```

```
   4 . 7 7
 - 0 . 8 8
```

```
   5 . 1 3
 - 0 . 6 8
```

소수 두 자리 수의 뺄셈 (2)

 각 자리의 위치를 맞추어 소수의 뺄셈을 하세요.

0.76 - 0.18

```
        6  10
  0 . 7  6
- 0 . 1  8
─────────
  0 . 5  8
```

1.53 - 0.73

4.08 - 1.29

0.91 - 0.76

3.28 - 0.09

6.56 - 1.78

3.05 - 1.26

4.45 - 0.75

5.22 - 3.83

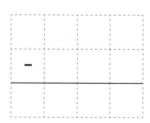

 각 자리의 위치를 맞추어 소수의 뺄셈을 하세요.

1.45 - 0.55

0.84 - 0.35

2.06 - 1.33

4.69 - 1.54

6.75 - 3.59

5.94 - 1.93

5.81 - 4.78

7.08 - 4.69

5.34 - 1.59

소수 뺄셈 퍼즐

 각 줄에 있는 두 수의 차를 빈칸에 써넣으세요.

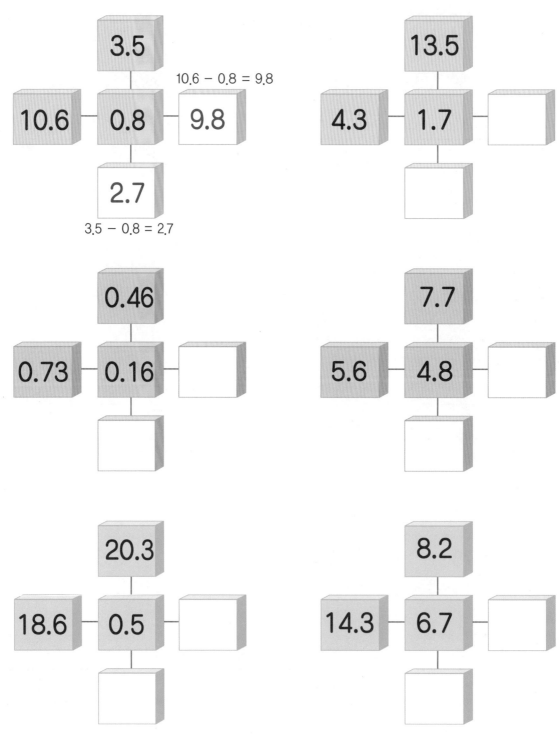

3.5

10.6 — 0.8 = 9.8

10.6　0.8　9.8

2.7

3.5 — 0.8 = 2.7

13.5

4.3　1.7

0.46

0.73　0.16

7.7

5.6　4.8

20.3

18.6　0.5

8.2

14.3　6.7

각 줄에 있는 두 수의 차를 빈칸에 써넣으세요.

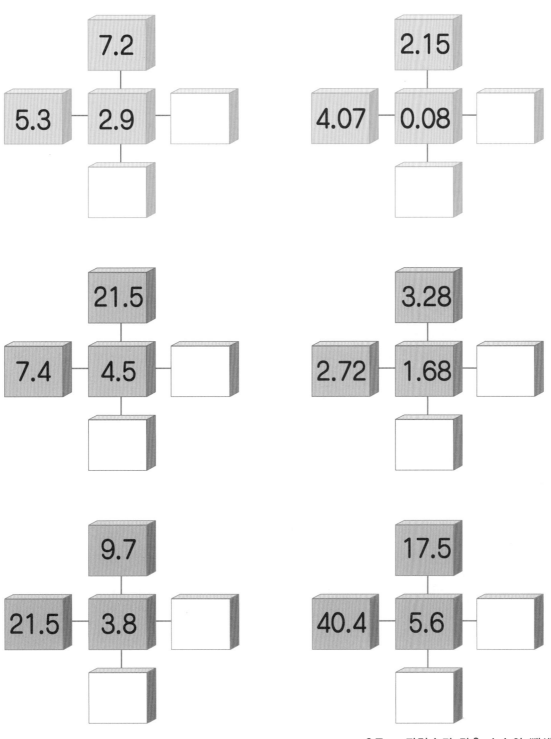

소마셈 D3 - 4주차

자릿수가 다른 소수의 뺄셈

 다음과 같이 소수의 뺄셈을 하는 방법을 알아보고, 빈칸에 알맞은 수를 써넣으세요.

방법 1   0.01이 몇인 수로 계산하기

$$
\begin{array}{r}
6.35 \Rightarrow 0.01이\ \boxed{635}\ 개 \\
-\ 0.7 \Rightarrow 0.01이\ \boxed{70}\ 개 \\
\hline
5.65 \Leftarrow 0.01이\ \boxed{565}\ 개
\end{array}
$$

$$
\begin{array}{r}
5.8 \Rightarrow 0.01이\ \boxed{}\ 개 \\
-\ 1.35 \Rightarrow 0.01이\ \boxed{}\ 개 \\
\hline
4.45 \Leftarrow 0.01이\ \boxed{}\ 개
\end{array}
$$

방법 2   세로셈으로 계산하기

$$
\begin{array}{ccccc}
& & \overset{4}{\cancel{7}}. & \overset{10}{\cancel{5}} & 0 \\
- & & 3. & 2 & 1 \\
\hline
& & & & 9
\end{array}
\Rightarrow
\begin{array}{ccccc}
& & \overset{4}{\cancel{7}}. & \overset{10}{\cancel{5}} & 0 \\
- & & 3. & 2 & 1 \\
\hline
& & & 2 & 9
\end{array}
\Rightarrow
\begin{array}{ccccc}
& & \overset{4}{\cancel{7}}. & \overset{10}{\cancel{5}} & 0 \\
- & & 3. & 2 & 1 \\
\hline
& & 4 & 2 & 9
\end{array}
\Rightarrow
\begin{array}{ccccc}
& & \overset{4}{\cancel{7}}. & \overset{10}{\cancel{5}} & 0 \\
- & & 3. & 2 & 1 \\
\hline
& & 4. & 2 & 9
\end{array}
$$

TIP

소수점끼리 자리를 맞추고 일의 자리부터 자연수의 뺄셈과 같은 방법으로 계산합니다. 소수점을 중심으로 자릿수를 맞추고도 계산에 어려움을 느낀다면 자릿수가 빈 곳에 0을 써넣은 후 문제를 풀이하도록 합니다.

소수의 뺄셈을 하세요.

```
        6  10
    4 . 7̸
 -  1 . 6  8
 ─────────────
    3 . 0  2
```

```
    7 . 8
 -  0 . 3  3
 ─────────────
```

```
    3 . 5
 -  0 . 1  8  1
 ─────────────
```

```
    5 . 4
 -  0 . 7  1
 ─────────────
```

```
    6 . 3
 -  3 . 0  4
 ─────────────
```

```
    4 . 6
 -  1 . 0  2  6
 ─────────────
```

```
  4 7 . 9
 -  2 . 2  5
 ─────────────
```

```
  3 3 . 7
 -  2 . 5  3
 ─────────────
```

```
    6 . 4
 -  3 . 2  6  7
 ─────────────
```

```
  1 6 . 4
 -  1 . 9  9
 ─────────────
```

```
  2 5 . 3
 -  0 . 7  2
 ─────────────
```

```
    7 . 5
 -  2 . 3  0  8
 ─────────────
```

 소수의 뺄셈을 하세요.

```
      5  15  10
      6̶ . 6̶
   -  1 . 7  7
      4 . 8  3
```

```
      1  5 . 4
   -      7 . 0  8
```

```
      6 . 4
   -  0 . 0  5  1
```

```
      6 . 3
   -  2 . 4  6
```

```
      2  5 . 7
   -      3 . 3  9
```

```
      4 . 9
   -  2 . 3  4  2
```

```
      8 . 8
   -  1 . 3  5
```

```
      3  6 . 3
   -      5 . 0  2
```

```
      7 . 8
   -  3 . 1  3  5
```

```
      7 . 5
   -  4 . 0  9
```

```
      4  2 . 9
   -      1 . 5  5
```

```
      9 . 7
   -  7 . 1  4  8
```

56 소마셈 – D3

2 일 차 소수 두 자리 수와 소수 몇 자리 수 뺄셈

 소수의 뺄셈을 하세요.

```
        3  10
     4. 2  9
  -  1. 7
  ─────────
     2. 5  9
```

```
   3  5. 5  2
  -    1. 2
  ───────────
```

```
   3. 4  5
  - 1. 6  3  1
  ───────────
```

```
   3. 4  7
  - 2. 4
  ─────────
```

```
   4  1. 3  8
  -    0. 9
  ───────────
```

```
   1. 3  5
  - 0. 5  4  9
  ───────────
```

```
   5. 3  8
  - 0. 8
  ─────────
```

```
   2  3. 2  4
  -    1. 4
  ───────────
```

```
   2. 7  2
  - 0. 4  0  3
  ───────────
```

```
   6. 1  2
  - 4. 9
  ─────────
```

```
   1  8. 3  5
  -    3. 9
  ───────────
```

```
   6. 5  3
  - 2. 1  8  7
  ───────────
```

🌱 소수의 뺄셈을 하세요.

```
        4  10
      5̷. 3  4
  -   1. 9
      3. 4  4
```

```
      7. 1  2
  -     4. 4
```

```
      4. 9  3
  -   0. 7  1  2
```

```
      4. 4  5
  -   2. 7
```

```
      6. 8  3
  -   3. 5
```

```
      5. 4  6
  -   2. 1  0  8
```

```
    1 6. 2  7
  -     1. 8
```

```
    2 6. 3  3
  -     4. 2
```

```
      8. 2  7
  -   5. 1  1  7
```

```
    4 2. 6  3
  -     2. 6
```

```
    3 1. 5  7
  -     2. 8
```

```
      7. 5  4
  -   3. 2  0  9
```

자릿수가 다른 소수의 뺄셈

 각 자리의 위치를 맞추어 소수의 뺄셈을 하세요.

4.6 - 1.57

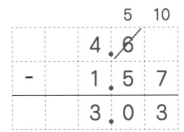

17.2 - 4.36

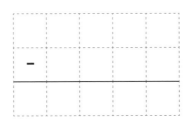

5.3 - 1.045

7.5 - 1.21

8.54 - 5.7

35.63 - 4.8

5.37 - 3.6

15.88 - 5.6

6.5 - 2.234

 각 자리의 위치를 맞추어 소수의 **뺄셈**을 하세요.

8.7 - 5.17

```
    8 . 7
-   5 . 1 7
```

5.3 - 2.64

26.43 - 2.9

26.5 - 2.46

7.54 - 6.8

42.57 - 7.7

18.3 - 5.19

5.4 - 2.144

7.85 - 0.527

자연수와 소수의 뺄셈

 다음과 같이 (자연수) − (소수)의 방법을 알아보고, 빈칸에 알맞은 수를 써넣으세요.

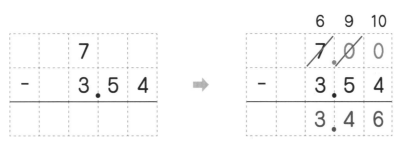

3.54가 소수 두 자리 수이므로 7을 소수 두 자리 수로 만듭니다. (7 → 7.00)

```
    1 8            3 5             9
-    4.5       -  1 2.1       -  1.6 5
```

```
    6 2            4 3           2 6
-    7.7       -  1 6.8       -  2.3 4
```

```
  1 2 6            8            3 8
-    0.9       -  2.1 7       - 1 2.3 7
```

 TIP

소수점을 중심으로 자연수와 소수를 같은 자릿수끼리 줄을 맞추어 쓰고 계산합니다. 특히 뺄셈의 경우 자릿수가 빈 곳에 0을 써넣은 후 계산하는 것이 실수를 줄이는 방법입니다.

 각 자리의 위치를 맞추어 소수의 **뺄셈**을 하세요.

27 - 3.6

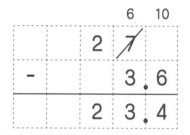

```
        6  10
    2   7̸
-       3 . 6
    2   3 . 4
```

4 - 0.45

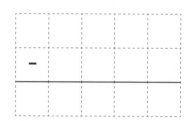

19 - 10.6

53 - 8.1

36 - 19.4

15 - 3.27

108 - 1.7

23 - 15.9

47 - 11.33

다음과 같이 (소수) − (자연수)의 방법을 알아보고, 빈칸에 알맞은 수를 써넣으세요.

		2	3 . 5
−			5

➡

		1	10	
		2̸	3 . 5
−			5 . 0
		1	8 . 5

23.5가 소수 한 자리 수이므로 5를 소수 한 자리 수로 만듭니다. (5 → 5.0)

		1	5 . 7
−			8

		3	0 . 4
−			9

		7 . 2	9
−		4	

		2	5 . 7
−		1	3

		8 . 0	8
−		3	

		1	2 . 7	4
−		1	0	

		4	0 . 6
−		2	5

		1	3 . 5	1
−			8	

		5 . 2	5	1
−		3		

 각 자리의 위치를 맞추어 소수의 **뺄셈**을 하세요.

26.4 - 7

```
        1   10
        2̸  6 . 4
  -        7
  ─────────────
        1  9 . 4
```

51.7 - 8

43.12 - 15

8.44 - 6

32.5 - 14

22.46 - 7

39.84 - 26

7.534 - 4

43.7 - 18

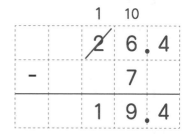

5 일 차 문장제

 다음을 읽고 알맞은 식을 쓰고, 답을 구하세요.

정민이는 길이가 1.4m인 색테이프를 가지고 있었는데, 얼마만큼 사용하였더니 0.8m가 남았습니다. 정민이가 사용한 색테이프의 길이는 몇 m일까요?

식 : 1.4 − 0.8 = 0.6

 m

주희와 선형이가 멀리뛰기를 했습니다. 주희는 0.49m를 뛰었고, 선형이는 1.26m를 뛰었습니다. 선형이는 주희보다 얼마만큼 더 멀리 뛰었을까요?

식 :

 m

 다음을 읽고 알맞은 식을 쓰고, 답을 구하세요.

빨간색 주머니의 무게는 14.2g입니다. 파란색 주머니의 무게는 빨간색 주머니의 무게보다 5.83g 더 가볍습니다. 파란색 주머니의 무게는 몇 g일까요?

식 :
_____

 g

공이 들어 있는 상자의 무게는 11.45kg이고, 빈 상자의 무게는 0.6kg입니다. 공의 무게는 몇 kg일까요?

식 :
_____

 Kg

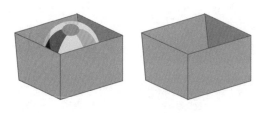

다음을 읽고 알맞은 식을 쓰고, 답을 구하세요.

어떤 수에 0.4를 더했더니 2.3이 되었습니다. 어떤 수는 무엇일까요?

식 :

준형이는 어제 3.8시간 동안 컴퓨터를 사용했고, 오늘은 1.55시간 동안 컴퓨터를 사용했습니다. 준형이는 오늘보다 어제 컴퓨터를 몇 시간 더 사용했을까요?

식 :

 시간

희경이가 과일가게에서 귤과 사과를 사왔습니다. 귤은 3kg, 사과는 5.7kg을 샀다면 사과는 귤보다 몇 kg 더 산 것일까요?

식 :

Kg

 다음을 읽고 알맞은 식을 쓰고, 답을 구하세요.

현정이의 가방 무게는 2.94kg이고, 은아의 가방 무게는 1.08kg입니다. 현정이의 가방은 은아의 가방보다 몇 kg 더 무거울까요?

식 :   Kg
_____

태호는 한 시간에 2.365km를, 태형이는 3.87km를 걸었습니다. 태형이는 태호보다 몇 km를 더 걸었을까요?

식 :   Km
_____

찬우의 키는 138cm입니다. 태균이는 찬우의 키보다 7.24cm 더 작습니다. 태균이의 키는 몇 cm일까요?

식 :   cm
_____

보충학습

Drill

1주차 drill · 자릿수가 같은 소수의 덧셈

소수의 덧셈을 하세요.

```
      0.7
+   4.8
─────────
```

```
      3.5
+  2 0.7
─────────
```

```
      6.4
+  1 4.6
─────────
```

```
      4.6
+   5.5
─────────
```

```
    1 5.6
+     4.6
─────────
```

```
      3.5
+  2 4.5
─────────
```

```
      7.8
+   0.3
─────────
```

```
    2 5.9
+     6.9
─────────
```

```
    2 9.5
+     8.8
─────────
```

```
      0.4
+  2 2.9
─────────
```

```
    3 5.5
+  1 0.4
─────────
```

```
    1 4.5
+  2 3.7
─────────
```

70 소마셈 – D3

소수의 덧셈을 하세요.

```
    0 . 4 5
+   2 . 3 5
_____
```

```
    1 . 3 4
+   3 . 5 6
_____
```

```
    0 . 0 7
+   3 . 6 7
_____
```

```
    2 . 5 6
+   3 . 2 9
_____
```

```
    5 . 7 8
+   2 . 5 7
_____
```

```
    7 . 0 6
+   0 . 4 2
_____
```

```
    0 . 2 1
+   0 . 4 5
_____
```

```
    4 . 4 5
+   3 . 4 7
_____
```

```
    5 . 4 6
+   1 . 2 4
_____
```

```
    2 . 4 4
+   4 . 1 9
_____
```

```
    1 . 5 8
+   1 . 4 3
_____
```

```
    3 . 6 3
+   5 . 5 6
_____
```

각 자리의 위치를 맞추어 소수의 덧셈을 하세요.

4.3 + 2.9

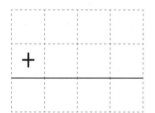

8.6 + 13.4

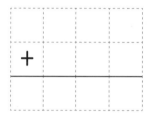

10.3 + 7.1

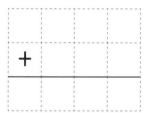

5.8 + 6.4

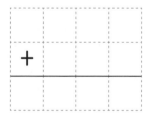

15.3 + 7.9

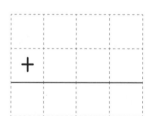

21.3 + 15.8

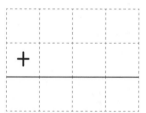

7.24 + 1.66

3.5 + 16.5

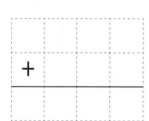

21.4 + 3.6

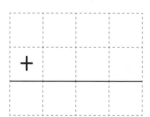

각 자리의 위치를 맞추어 소수의 덧셈을 하세요.

4.4 + 7.7

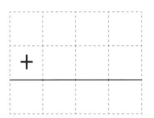

6.8 +42.4

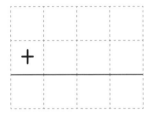

3.65 + 0.74

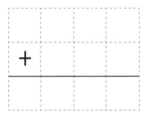

7.4 + 16.5

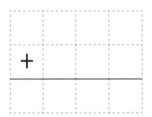

13.3 + 0.7

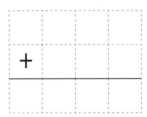

45.3 + 22.2

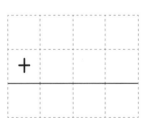

10.2 + 8.9

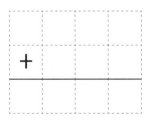

4.35 + 0.06

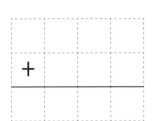

13.7 + 28.5

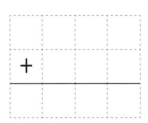

소수의 덧셈을 하세요.

```
      3 . 6
  +   0 . 5 7
  _____
```

```
    1 6 . 5
  +   0 . 7 5
  _____
```

```
      2 . 8
  + 2 . 0 5 8
  _____
```

```
      1 . 7
  + 2 8 . 4 1
  _____
```

```
      0 . 6
  +   4 . 7 7
  _____
```

```
  2 . 4 5 6
  + 1 . 6
  _____
```

```
  2 4 . 9 2
  +   5 . 6
  _____
```

```
      4 . 5 4
  + 1 7 . 6
  _____
```

```
  1 . 4 2 2
  + 2 . 3 8
  _____
```

```
      7 . 3 6
  +   5
  _____
```

```
      4 . 9
  + 1 4 . 2 4
  _____
```

```
      6 . 0 1
  + 3 . 8 8 4
  _____
```

소수의 덧셈을 하세요.

```
      9
  +  2.3 5
  ─────────
```

```
    2 7
  + 1 9.9
  ─────────
```

```
    8.1 5
  + 1 4
  ─────────
```

```
  1 0.5
  + 3 4.7 7
  ─────────
```

```
  1.8 2
  +   0.8
  ─────────
```

```
  3.5 0 2
  + 1.9
  ─────────
```

```
    4.8
  + 3.2 6
  ─────────
```

```
    4.2
  + 1 7.5 3
  ─────────
```

```
    2.4
  + 5.6 6 4
  ─────────
```

```
    7.5 6
  +   3.9
  ─────────
```

```
  4.3 6 7
  + 0.5 5
  ─────────
```

```
  0.2 7
  + 1.9 4 2
  ─────────
```

각 자리의 위치를 맞추어 소수의 덧셈을 하세요.

0.5 + 2.75

0.593 + 3.5

16.6 + 2.84

3 + 18.1

13.3 + 8.27

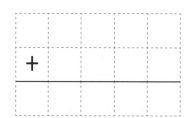

6.06 + 9.8

13.2 + 4.39

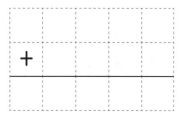

2.07 + 15

7.321 + 4

각 자리의 위치를 맞추어 소수의 덧셈을 하세요.

3.06 + 2.8

0.179 + 4.82

6.2 + 4.511

20.7 + 7.28

5 + 2.06

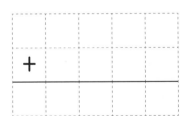

19 + 21.93

5.227 + 2.8

18.9 + 0.25

17.7 + 5.86

자릿수가 같은 소수의 뺄셈

소수의 뺄셈을 하세요.

$$
\begin{array}{r}
4.3 \\
-\ 0.7 \\
\hline
\end{array}
$$

$$
\begin{array}{r}
20.6 \\
-\ 5.4 \\
\hline
\end{array}
$$

$$
\begin{array}{r}
17.3 \\
-\ 0.9 \\
\hline
\end{array}
$$

$$
\begin{array}{r}
8.3 \\
-\ 4.6 \\
\hline
\end{array}
$$

$$
\begin{array}{r}
23.7 \\
-\ 0.8 \\
\hline
\end{array}
$$

$$
\begin{array}{r}
31.5 \\
-\ 15.6 \\
\hline
\end{array}
$$

$$
\begin{array}{r}
6.2 \\
-\ 2.9 \\
\hline
\end{array}
$$

$$
\begin{array}{r}
30.8 \\
-\ 6.9 \\
\hline
\end{array}
$$

$$
\begin{array}{r}
27.8 \\
-\ 19.9 \\
\hline
\end{array}
$$

$$
\begin{array}{r}
3.3 \\
-\ 1.7 \\
\hline
\end{array}
$$

$$
\begin{array}{r}
45.3 \\
-\ 19.2 \\
\hline
\end{array}
$$

$$
\begin{array}{r}
42.3 \\
-\ 13.7 \\
\hline
\end{array}
$$

소수의 뺄셈을 하세요.

	0 . 5 2
−	0 . 2 8

	3 . 0 6
−	0 . 1 8

	1 . 6 2
−	0 . 4 5

	3 . 2 2
−	0 . 1 8

	4 . 1 6
−	2 . 5 5

	7 . 0 2
−	3 . 6 6

	3 . 6 4
−	2 . 5 3

	1 . 8 8
−	0 . 9 9

	5 . 4 2
−	1 . 3 5

	6 . 7 2
−	2 . 4 2

	5 . 7 8
−	1 . 0 9

	4 . 2 2
−	0 . 7 4

각 자리의 위치를 맞추어 소수의 **뺄셈**을 하세요.

3.3 - 0.8

16.4 - 8.5

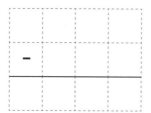

0.73 - 0.28

2.1 - 1.9

18.3 - 2.6

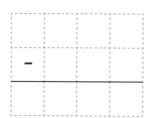

3.17 - 0.26

4.7 - 2.8

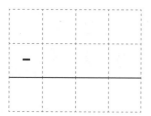

23.5 - 13.6

2.04 - 1.39

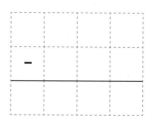

각 자리의 위치를 맞추어 소수의 **뺄셈**을 하세요.

5.6 - 0.7

20.4 - 14.7

16.6 - 9.6

7.7 - 2.8

32.4 - 13.8

9.26 - 3.82

19.6 - 11.7

4.98 - 0.29

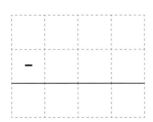

7.32 - 5.17

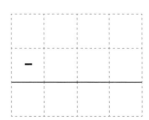

소수의 뺄셈을 하세요.

	5 . 4	
-	1 . 8	7

	1 3 . 3	
-	8 . 2	1

	5 . 3		
-	0 . 0	3	5

	4 3	
-	6 .	2

	2 4 . 6	
-	1 . 2	6

	4 . 8		
-	2 . 2	4	1

	7 . 6	
-	1 . 3	4

	5	
-	1 . 3	5

	2 1 . 4	
-	8	

	6 . 4	
-	2 . 0	8

	3 4 . 7	
-	0 . 2	5

	8 . 6		
-	4 . 1	3	8

소수의 뺄셈을 하세요.

```
      3 . 5 6          1 6 . 6 2          3 . 2 5
  -   2 . 7        -      1 . 4      -  1 . 7 2 2
```

```
      5 . 3 8          6 . 3 7          4 . 7 7 4
  -   2 . 3        -      2        -  2
```

```
      3 4            2 4 . 4 7          3 . 5 2
  -   1 1 . 6      -      2 . 6      -  0 . 4 1 5
```

```
      5 . 2 6          3 9 . 3 6          5 . 5 1
  -   4 . 8        -      2 . 9      -  2 . 1 6 3
```

4주차

각 자리의 위치를 맞추어 소수의 **뺄셈**을 하세요.

5.3 - 3.23

6.5 - 2.26

3 - 0.68

17.3 - 2.65

123 - 2.6

24.53 - 8.9

24.3 - 6.28

6.1 - 3.123

7.92 - 0.416

각 자리의 위치를 맞추어 소수의 **뺄셈**을 하세요.

4.52 - 1.8

19.2 - 3.29

6.4 - 1.305

7.6 - 1.83

32.6 - 8

19 - 3.7

5.34 - 2.6

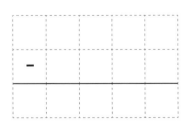

14.82 - 5.1

20.46 - 3

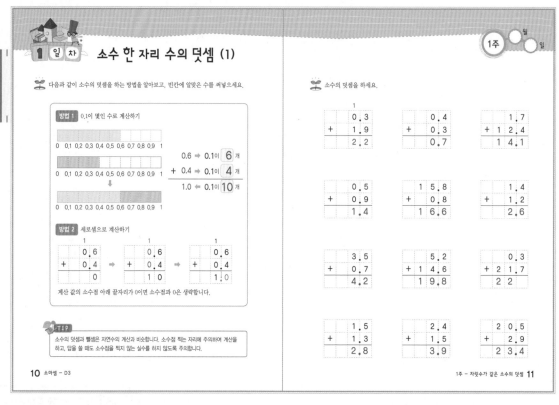

1일차 소수 한 자리 수의 덧셈 (1)

다음과 같이 소수의 덧셈을 하는 방법을 알아보고, 빈칸에 알맞은 수를 써넣으세요.

방법 1 0.1이 몇인 수로 계산하기

0 0.1 0.2 0.3 0.4 0.5 0.6 0.7 0.8 0.9 1

0 0.1 0.2 0.3 0.4 0.5 0.6 0.7 0.8 0.9 1

0 0.1 0.2 0.3 0.4 0.5 0.6 0.7 0.8 0.9 1

0.6 ➡ 0.1이 **6** 개
+ 0.4 ➡ 0.1이 **4** 개
1.0 ⬅ 0.1이 **10** 개

방법 2 세로셈으로 계산하기

$$\begin{array}{r} 1 \\ 0.6 \\ +\ 0.4 \\ \hline 0 \end{array} \Rightarrow \begin{array}{r} 1 \\ 0.6 \\ +\ 0.4 \\ \hline 1\ 0 \end{array} \Rightarrow \begin{array}{r} 1 \\ 0.6 \\ +\ 0.4 \\ \hline 1.0 \end{array}$$

계산 값의 소수점 아래 끝자리가 0이면 소수점과 0은 생략합니다.

TIP
소수의 덧셈과 뺄셈은 자연수의 계산과 비슷합니다. 소수점 찍는 자리에 주의하여 계산을 하고, 답을 쓸 때도 소수점을 찍지 않는 실수를 하지 않도록 주의합니다.

소수의 덧셈을 하세요.

$$\begin{array}{r} 1 \\ 0.3 \\ +\ 1.9 \\ \hline 2.2 \end{array} \qquad \begin{array}{r} 0.4 \\ +\ 0.3 \\ \hline 0.7 \end{array} \qquad \begin{array}{r} 1.7 \\ +\ 1\ 2.4 \\ \hline 1\ 4.1 \end{array}$$

$$\begin{array}{r} 0.5 \\ +\ 0.9 \\ \hline 1.4 \end{array} \qquad \begin{array}{r} 1\ 5.8 \\ +\ 0.8 \\ \hline 1\ 6.6 \end{array} \qquad \begin{array}{r} 1.4 \\ +\ 1.2 \\ \hline 2.6 \end{array}$$

$$\begin{array}{r} 3.5 \\ +\ 0.7 \\ \hline 4.2 \end{array} \qquad \begin{array}{r} 5.2 \\ +\ 1\ 4.6 \\ \hline 1\ 9.8 \end{array} \qquad \begin{array}{r} 0.3 \\ +\ 2\ 1.7 \\ \hline 2\ 2 \end{array}$$

$$\begin{array}{r} 1.5 \\ +\ 1.3 \\ \hline 2.8 \end{array} \qquad \begin{array}{r} 2.4 \\ +\ 1.5 \\ \hline 3.9 \end{array} \qquad \begin{array}{r} 2\ 0.5 \\ +\ 2.9 \\ \hline 2\ 3.4 \end{array}$$

소수의 덧셈을 하세요.

$$\begin{array}{r} 1.3 \\ +\ 1\ 5.7 \\ \hline 1\ 7 \end{array} \qquad \begin{array}{r} 0.4 \\ +\ 3.5 \\ \hline 3.9 \end{array} \qquad \begin{array}{r} 5.3 \\ +\ 3.2 \\ \hline 8.5 \end{array}$$

$$\begin{array}{r} 2.6 \\ +\ 1\ 1.8 \\ \hline 1\ 4.4 \end{array} \qquad \begin{array}{r} 4.2 \\ +\ 1\ 3.6 \\ \hline 1\ 7.8 \end{array} \qquad \begin{array}{r} 4\ 1.7 \\ +\ 0.9 \\ \hline 4\ 2.6 \end{array}$$

$$\begin{array}{r} 2.6 \\ +\ 2.5 \\ \hline 5.1 \end{array} \qquad \begin{array}{r} 1.8 \\ +\ 3.3 \\ \hline 5.1 \end{array} \qquad \begin{array}{r} 2.5 \\ +\ 1\ 4.2 \\ \hline 1\ 6.7 \end{array}$$

$$\begin{array}{r} 1.1 \\ +\ 1\ 5.4 \\ \hline 1\ 6.5 \end{array} \qquad \begin{array}{r} 3.9 \\ +\ 5.2 \\ \hline 9.1 \end{array} \qquad \begin{array}{r} 1\ 0.4 \\ +\ 1\ 6.3 \\ \hline 2\ 6.7 \end{array}$$

각 자리의 위치를 맞추어 소수의 덧셈을 하세요.

0.3 + 1.9
$$\begin{array}{r} 1 \\ 0.3 \\ +\ 1.9 \\ \hline 2.2 \end{array}$$

1.5 + 0.8
$$\begin{array}{r} 1.5 \\ +\ 0.8 \\ \hline 2.3 \end{array}$$

12.4 + 0.7
$$\begin{array}{r} 1\ 2.4 \\ +\ 0.7 \\ \hline 1\ 3.1 \end{array}$$

12.5 + 26.6
$$\begin{array}{r} 1\ 2.5 \\ +\ 2\ 6.6 \\ \hline 3\ 9.1 \end{array}$$

16.5 + 0.3
$$\begin{array}{r} 1\ 6.5 \\ +\ 0.3 \\ \hline 1\ 6.8 \end{array}$$

40.6 + 0.5
$$\begin{array}{r} 4\ 0.6 \\ +\ 0.5 \\ \hline 4\ 1.1 \end{array}$$

2.8 + 4.6
$$\begin{array}{r} 2.8 \\ +\ 4.6 \\ \hline 7.4 \end{array}$$

0.9 + 16.1
$$\begin{array}{r} 0.9 \\ +\ 1\ 6.1 \\ \hline 1\ 7 \end{array}$$

4.2 + 1.7
$$\begin{array}{r} 4.2 \\ +\ 1.7 \\ \hline 5.9 \end{array}$$

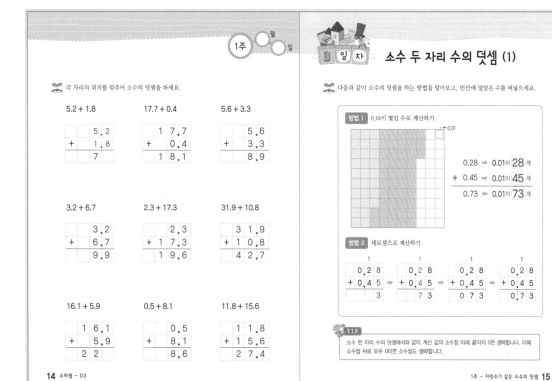

각 자리의 위치를 맞추어 소수의 덧셈을 하세요.

5.2 + 1.8

```
    5.2
+   1.8
    7
```

17.7 + 0.4

```
   1 7.7
+    0.4
   1 8.1
```

5.6 + 3.3

```
    5.6
+   3.3
    8.9
```

3.2 + 6.7

```
    3.2
+   6.7
    9.9
```

2.3 + 17.3

```
     2.3
+  1 7.3
   1 9.6
```

31.9 + 10.8

```
   3 1.9
+  1 0.8
   4 2.7
```

16.1 + 5.9

```
   1 6.1
+    5.9
   2 2
```

0.5 + 8.1

```
    0.5
+   8.1
    8.6
```

11.8 + 15.6

```
   1 1.8
+  1 5.6
   2 7.4
```

3 일 차   소수 두 자리 수의 덧셈 (1)

다음과 같이 소수의 덧셈을 하는 방법을 알아보고, 빈칸에 알맞은 수를 써넣으세요.

방법 1 0.01이 몇 인 수로 계산하기

0.01

0.28 → 0.01이 **28** 개
+ 0.45 → 0.01이 **45** 개
0.73 ← 0.01이 **73** 개

방법 2 세로셈으로 계산하기

```
      1              1             1            1
  0.2 8         0.2 8         0.2 8        0.2 8
+ 0.4 5    →  + 0.4 5    →  + 0.4 5   →  + 0.4 5
      3           7 3         0 7 3        0.7 3
```

TIP

소수 한 자리 수의 덧셈에서와 같이 계산 값의 소수점 아래자리 끝자리 0은 생략합니다. 이때 소수점 뒤로 모두 00이면 소수점도 생략합니다.

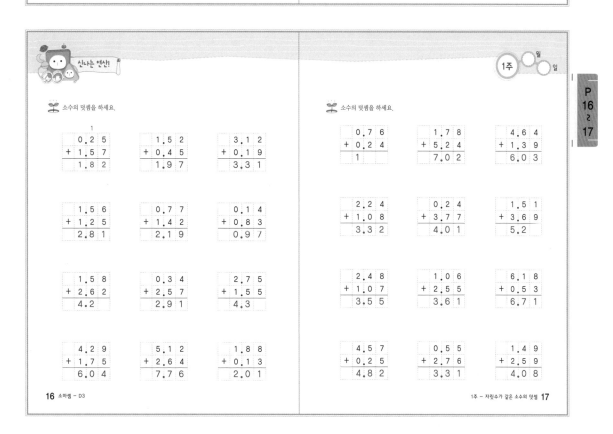

신나는 연산!

소수의 덧셈을 하세요.

```
      1
  0.2 5
+ 1.5 7
  1.8 2
```

```
  1.5 2
+ 0.4 5
  1.9 7
```

```
  3.1 2
+ 0.1 9
  3.3 1
```

```
  1.5 6
+ 1.2 5
  2.8 1
```

```
  0.7 7
+ 1.4 2
  2.1 9
```

```
  0.1 4
+ 0.8 3
  0.9 7
```

```
  1.5 8
+ 2.6 2
  4.2
```

```
  0.3 4
+ 2.5 7
  2.9 1
```

```
  2.7 5
+ 1.5 5
  4.3
```

```
  4.2 9
+ 1.7 5
  6.0 4
```

```
  5.1 2
+ 2.6 4
  7.7 6
```

```
  1.8 8
+ 0.1 3
  2.0 1
```

소수의 덧셈을 하세요.

```
  0.7 6
+ 0.2 4
  1
```

```
  1.7 8
+ 5.2 4
  7.0 2
```

```
  4.6 4
+ 1.3 9
  6.0 3
```

```
  2.2 4
+ 1.0 8
  3.3 2
```

```
  0.2 4
+ 3.7 7
  4.0 1
```

```
  1.5 1
+ 3.6 9
  5.2
```

```
  2.4 8
+ 1.0 7
  3.5 5
```

```
  1.0 6
+ 2.5 5
  3.6 1
```

```
  6.1 8
+ 0.5 3
  6.7 1
```

```
  4.5 7
+ 0.2 5
  4.8 2
```

```
  0.5 5
+ 2.7 6
  3.3 1
```

```
  1.4 9
+ 2.5 9
  4.0 8
```

4 일차 소수 두 자리 수의 덧셈 (2)

각 자리의 위치를 맞추어 소수의 덧셈을 하세요.

0.85 + 2.55

```
  1  1
  0 . 8 5
+ 2 . 5 5
  3 . 4
```

1.24 + 0.38

```
  1 . 2 4
+ 0 . 3 8
  1 . 6 2
```

1.47 + 2.56

```
  1 . 4 7
+ 2 . 5 6
  4 . 0 3
```

3.57 + 2.68

```
  3 . 5 7
+ 2 . 6 8
  6 . 2 5
```

1.59 + 0.37

```
  1 . 5 9
+ 0 . 3 7
  1 . 9 6
```

4.63 + 0.58

```
  4 . 6 3
+ 0 . 5 8
  5 . 2 1
```

2.98 + 4.06

```
  2 . 9 8
+ 4 . 0 6
  7 . 0 4
```

0.57 + 1.19

```
  0 . 5 7
+ 1 . 1 9
  1 . 7 6
```

7.02 + 1.88

```
  7 . 0 2
+ 1 . 8 8
  8 . 9
```

각 자리의 위치를 맞추어 소수의 덧셈을 하세요.

6.25 + 1.08

```
  6 . 2 5
+ 1 . 0 8
  7 . 3 3
```

1.79 + 0.54

```
  1 . 7 9
+ 0 . 5 4
  2 . 3 3
```

4.66 + 3.44

```
  4 . 6 6
+ 3 . 4 4
  8 . 1
```

0.87 + 3.72

```
  0 . 8 7
+ 3 . 7 2
  4 . 5 9
```

2.38 + 1.67

```
  2 . 3 8
+ 1 . 6 7
  4 . 0 5
```

0.17 + 6.83

```
  0 . 1 7
+ 6 . 8 3
  7
```

5.17 + 3.94

```
  5 . 1 7
+ 3 . 9 4
  9 . 1 1
```

0.46 + 7.01

```
  0 . 4 6
+ 7 . 0 1
  7 . 4 7
```

8.08 + 1.75

```
  8 . 0 8
+ 1 . 7 5
  9 . 8 3
```

5 일차 소수 덧셈 퍼즐

양쪽 [ ] 안의 두 수의 합을 빈칸에 써넣으세요.

양쪽 [ ] 안의 두 수의 합을 빈칸에 써넣으세요.

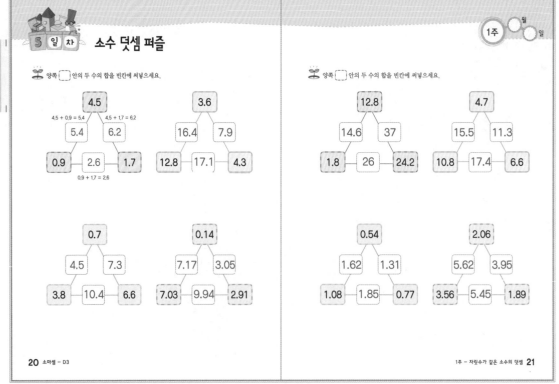

4.5 + 0.9 = 5.4   4.5 + 1.7 = 6.2

0.9 + 1.7 = 2.6

1일차 소수 한 자리 수와 소수 몇 자리 수 덧셈

다음과 같이 소수의 덧셈을 하는 방법을 알아보고, 빈칸에 알맞은 수를 써넣으세요.

방법 1 0.01이 몇인 수로 계산하기

0.37 ⇒ 0.01이 **37** 개
+ 0.8 ⇒ 0.01이 **80** 개
1.17 ⇐ 0.01이 **117** 개

0.7 ⇒ 0.01이 **70** 개
+ 0.54 ⇒ 0.01이 **54** 개
1.24 ⇐ 0.01이 **124** 개

방법 2 세로셈으로 계산하기

```
  1 4.5 3          1 4.5 3          1 4.5 3
+   0.9 0   ⇒   +   0.9 0   ⇒   +   0.9 0
        3              4 3        1 5.4 3
```

소수의 자릿수가 다른 소수끼리의 덧셈은 소수점 아래 끝자리에 0이 있는 것으로 생각하여 계산하고 소수점을 그대로 내려찍으면 됩니다.

TIP
자릿수가 다른 소수의 덧셈도 자릿수가 같은 소수의 덧셈과 같은 원리입니다. 소수점을 중심으로 같은 자릿수끼리 줄을 맞추어 쓰고 계산해야 함을 주의합니다.

소수의 덧셈을 하세요.

```
1
    0.7              1 8.5              3.8
+  5.3 4         +   0.2 9         + 0.2 5 7
   6.0 4           1 8.7 9           4.0 5 7
```

```
  3 1.9 4            4.0 7            1.5 0 9
+    5.7         + 1 5.6           +   1.3
  3 7.6 4          1 9.6 7           2.8 0 9
```

```
    5.4 8            4.3              3.4
+   6.8         + 1 0.5 4         + 0.7 2 8
  1 2.2 8         1 4.8 4           4.1 2 8
```

```
    0.7              5.6            2.5 5 4
+ 1 9.3 4         +  4.4 3        + 0.9
  2 0.0 4         1 0.0 3          3.4 5 4
```

소수의 덧셈을 하세요.

```
1
    4.9              3 3.5 4            8.6
+   7.2 5         +     5.4         + 3.1 9 5
  1 2.1 5          3 8.9 4          1 1.7 9 5
```

```
  1 3.5              0.9 4            7.3
+ 1 1.7 2         +  6.8           + 2.1 0 4
  2 5.2 2            7.7 4           9.4 0 4
```

```
    0.8              8.2            0.8 0 7
+   7.3 3         + 1 3.5 7        + 3.2
    8.1 3          2 1.7 7          4.0 0 7
```

```
  4 0.5              2 0.3            7.1 6 6
+   7.3 6         + 1 4.4 9        + 4.5
  4 7.8 6          3 4.7 9          1 1.6 6 6
```

2일차 소수 두 자리 수와 소수 몇 자리 수 덧셈

소수의 덧셈을 하세요.

```
1
  2.9 4 7            5.8 3            0.3 7
+ 0.8 3           + 1.2 3 2        + 4.5 6 2
  3.7 7 7            7.0 6 2          4.9 3 2
```

```
  0.1 3 5            6.2 0 7          6.4 2
+ 7.9 2           + 4.8 1          + 3.2 8 4
  8.0 5 5          1 1.0 1 7         9.7 0 4
```

```
  6.1 0 4            0.8 0 2          0.7 9
+ 8.7 2           + 3.2 2          + 4.2 3 5
1 4.8 2 4           4.0 2 2          5.0 2 5
```

```
  3.5 7              6.5 2            9.1 2 5
+ 1.8 8 2         + 0.5 0 8        + 0.8 7
  5.4 5 2            7.0 2 8          9.9 9 5
```

2주 일 일

소수의 덧셈을 하세요.

```
      1
   2.5 6
 + 1.0 7 7
   3.6 3 7
```

```
   6.2 2
 + 1.8 7 3
   8.0 9 3
```

```
   4.5 6 2
 + 0.8 2
   5.3 8 2
```

```
   0.3 5 7
 + 7.8 9
   8.2 4 7
```

```
   1.1 8 2
 + 2.9 2
   4.1 0 2
```

```
   6.0 7
 + 2.3 3 4
   8.4 0 4
```

```
   1.6 8
 + 3.3 0 8
   4.9 8 8
```

```
   6.2 4
 + 1.5 3 4
   7.7 7 4
```

```
   0.4 5 6
 + 3.3 3
   3.7 8 6
```

```
   2.7 5
 + 1.0 4 5
   3.7 9 5
```

```
   0.0 5
 + 0.8 7 2
   0.9 2 2
```

```
   1.6 8 2
 + 3.0 7
   4.7 5 2
```

28 소마셈 - D3

3 일 차 자릿수가 다른 소수의 덧셈

각 자리의 위치를 맞추어 소수의 덧셈을 하세요.

0.6 + 3.58
```
     1
     0.6
 + 3.5 8
   4.1 8
```

0.683 + 4.6
```
   0.6 8 3
 + 4.6
   5.2 8 3
```

15.4 + 3.78
```
   1 5.4
 +   3.7 8
   1 9.1 8
```

3.204 + 1.68
```
   3.2 0 4
 + 1.6 8
   4.8 8 4
```

14.2 + 7.35
```
   1 4.2
 +   7.3 5
   2 1.5 5
```

5.07 + 7.9
```
     5.0 7
 +   7.9
   1 2.9 7
```

13.5 + 4.07
```
   1 3.5
 +   4.0 7
   1 7.5 7
```

8.6 + 1.456
```
   8.6
 + 1.4 5 6
   1 0.0 5 6
```

13.02 + 1.9
```
   1 3.0 2
 +     1.9
   1 4.9 2
```

2주 - 자릿수가 다른 소수의 덧셈 29

2주 일 일

각 자리의 위치를 맞추어 소수의 덧셈을 하세요.

4.15 + 3.6
```
   4.1 5
 + 3.6
   7.7 5
```

6.207 + 8.83
```
   6.2 0 7
 + 8.8 3
   1 5.0 3 7
```

9.3 + 3.507
```
   9.3
 + 3.5 0 7
   1 2.8 0 7
```

7.817 + 2.6
```
   7.8 1 7
 + 2.6
   1 0.4 1 7
```

24.9 + 0.46
```
   2 4.9
 +   0.4 6
   2 5.3 6
```

16.5 + 9.58
```
   1 6.5
 +   9.5 8
   2 6.0 8
```

30.56 + 4.8
```
   3 0.5 6
 +   4.8
   3 5.3 6
```

7.3 + 10.53
```
     7.3
 + 1 0.5 3
   1 7.8 3
```

4.53 + 0.077
```
   4.5 3
 + 0.0 7 7
   4.6 0 7
```

30 소마셈 - D3

4 일 차 자연수와 소수의 덧셈

다음과 같이 자연수와 소수의 덧셈을 하는 방법을 알아보고, 빈칸에 알맞은 수를 써넣으세요.

```
       5              5.0 0
 +   4.3 6    ⇒   + 4.3 6
                    9.3 6
```

4.36이 소수 두 자리 수이므로 5를 소수 두 자리 수로 만듭니다. (5 → 5.00)

```
       8
 + 1 0.5 7
   1 8.5 7
```

```
       7
 +   1.0 3
     8.0 3
```

```
     3 1
 +     7.8
   3 8.8
```

```
     7.5 5
 + 1 3
   2 0.5 5
```

```
   4.6 5
 + 7
   1 1.6 5
```

```
   2 5
 +   1 8.3
   4 3.3
```

```
       8
 +   6.5 7
   1 4.5 7
```

```
   9.4 7
 + 9
   1 8.4 7
```

```
     9
 + 2 1.7
   3 0.7
```

TIP
자연수를 소수로 고친 후 소수점을 중심으로 자연수와 소수를 같은 자릿수끼리 줄을 맞추어 쓰고 계산합니다.

2주 - 자릿수가 다른 소수의 덧셈 31

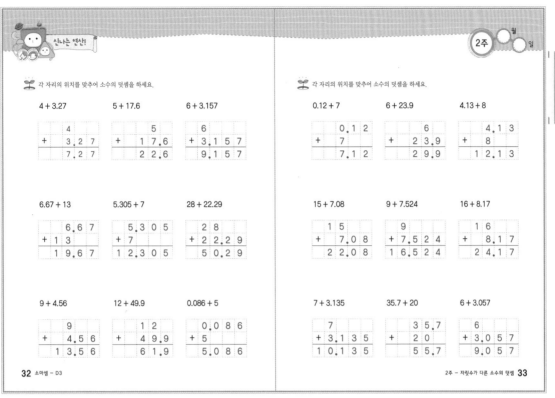

각 자리의 위치를 맞추어 소수의 덧셈을 하세요.

4 + 3.27

$$\begin{array}{r} 4 \\ +\ 3.27 \\ \hline 7.27 \end{array}$$

5 + 17.6

$$\begin{array}{r} 5 \\ +\ 17.6 \\ \hline 22.6 \end{array}$$

6 + 3.157

$$\begin{array}{r} 6 \\ +\ 3.157 \\ \hline 9.157 \end{array}$$

6.67 + 13

$$\begin{array}{r} 6.67 \\ +\ 13 \\ \hline 19.67 \end{array}$$

5.305 + 7

$$\begin{array}{r} 5.305 \\ +\ 7 \\ \hline 12.305 \end{array}$$

28 + 22.29

$$\begin{array}{r} 28 \\ +\ 22.29 \\ \hline 50.29 \end{array}$$

9 + 4.56

$$\begin{array}{r} 9 \\ +\ 4.56 \\ \hline 13.56 \end{array}$$

12 + 49.9

$$\begin{array}{r} 12 \\ +\ 49.9 \\ \hline 61.9 \end{array}$$

0.086 + 5

$$\begin{array}{r} 0.086 \\ +\ 5 \\ \hline 5.086 \end{array}$$

각 자리의 위치를 맞추어 소수의 덧셈을 하세요.

0.12 + 7

$$\begin{array}{r} 0.12 \\ +\ 7 \\ \hline 7.12 \end{array}$$

6 + 23.9

$$\begin{array}{r} 6 \\ +\ 23.9 \\ \hline 29.9 \end{array}$$

4.13 + 8

$$\begin{array}{r} 4.13 \\ +\ 8 \\ \hline 12.13 \end{array}$$

15 + 7.08

$$\begin{array}{r} 15 \\ +\ 7.08 \\ \hline 22.08 \end{array}$$

9 + 7.524

$$\begin{array}{r} 9 \\ +\ 7.524 \\ \hline 16.524 \end{array}$$

16 + 8.17

$$\begin{array}{r} 16 \\ +\ 8.17 \\ \hline 24.17 \end{array}$$

7 + 3.135

$$\begin{array}{r} 7 \\ +\ 3.135 \\ \hline 10.135 \end{array}$$

35.7 + 20

$$\begin{array}{r} 35.7 \\ +\ 20 \\ \hline 55.7 \end{array}$$

6 + 3.057

$$\begin{array}{r} 6 \\ +\ 3.057 \\ \hline 9.057 \end{array}$$

32 소마셈 – D3

2주 – 자릿수가 다른 소수의 덧셈 33

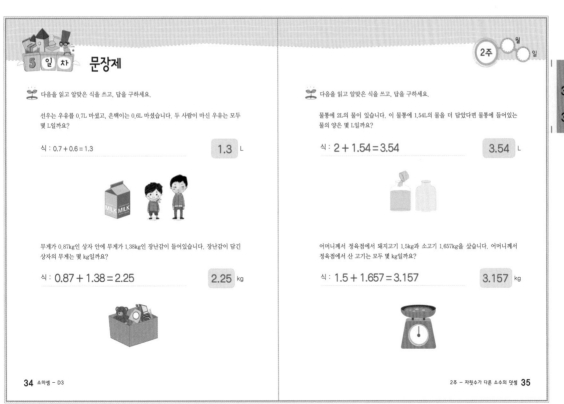

다음을 읽고 알맞은 식을 쓰고, 답을 구하세요.

선우는 우유를 0.7L 마셨고, 은택이는 0.6L 마셨습니다. 두 사람이 마신 우유는 모두 몇 L일까요?

식 : 0.7 + 0.6 = 1.3   1.3 L

무게가 0.87kg인 상자 안에 무게가 1.38kg인 장난감이 들어있습니다. 장난감이 담긴 상자의 무게는 몇 kg일까요?

식 : 0.87 + 1.38 = 2.25   2.25 kg

다음을 읽고 알맞은 식을 쓰고, 답을 구하세요.

물통에 2L의 물이 있습니다. 이 물통에 1.54L의 물을 더 담았다면 물통에 들어있는 물의 양은 몇 L일까요?

식 : 2 + 1.54 = 3.54   3.54 L

어머니께서 정육점에서 돼지고기 1.5kg과 소고기 1.657kg을 샀습니다. 어머니께서 정육점에서 산 고기는 모두 몇 kg일까요?

식 : 1.5 + 1.657 = 3.157   3.157 kg

34 소마셈 – D3

2주 – 자릿수가 다른 소수의 덧셈 35

신나는 연산!

🌱 다음을 읽고 알맞은 식을 쓰고, 답을 구하세요.

2.548L의 물이 들어 있는 주전자에 1.39L의 물을 더 부었습니다. 주전자에 들어 있는 물은 모두 몇 L가 될까요?

식 : $2.548 + 1.39 = 3.938$ 3.938 L

선아네 집에서 학교까지의 거리는 0.38km이고, 학교에서 도서관까지의 거리는 1.792km입니다. 선아네 집에서 학교를 거쳐 도서관까지의 거리는 모두 몇 km일까요?

식 : $0.38 + 1.792 = 2.172$ 2.172 Km

윤아의 반지의 무게는 7.32g이고, 목걸이의 무게는 5.96g입니다. 윤아의 반지와 목걸이의 무게는 모두 몇 g일까요?

식 : $7.32 + 5.96 = 13.28$ 13.28 g

2주

🌱 다음을 읽고 알맞은 식을 쓰고, 답을 구하세요.

무게가 0.9kg인 바구니 안에 무게가 2.305kg인 책들이 들어있습니다. 책들이 담긴 바구니의 무게는 몇 kg일까요?

식 : $0.9 + 2.305 = 3.205$ 3.205 Kg

형진이의 동생의 키는 87cm입니다. 형진이는 동생의 키보다 8.56cm 더 큽니다. 형진이의 키는 몇 cm일까요?

식 : $87 + 8.56 = 95.56$ 95.56 cm

은아와 태연이가 밤을 따러 갔습니다. 은아는 1.27kg, 태연이는 3.9kg의 밤을 땄습니다. 은아와 태연이가 딴 밤은 모두 몇 kg일까요?

식 : $1.27 + 3.9 = 5.17$ 5.17 Kg

1 일 차 소수 한 자리 수의 뺄셈 (1)

3주

🌱 다음과 같이 소수의 뺄셈을 하는 방법을 알아보고, 빈칸에 알맞은 수를 써넣으세요.

방법 1 0.1이 몇 인 수로 계산하기

0 0.1 0.2 0.3 0.4 0.5 0.6 0.7 0.8 0.9 1

$0.8 \Rightarrow 0.1$이 8 개
$- 0.3 \Rightarrow 0.1$이 3 개
$0.5 \Leftarrow 0.1$이 5 개

0 0.1 0.2 0.3 0.4 0.5 0.6 0.7 0.8 0.9 1

방법 2 세로셈으로 계산하기

```
  1 10        1 10        1 10
  2.4         2.4         2.4
- 0.9    ⇒  - 0.9    ⇒  - 0.9
              1.5         1.5
```

계산 값의 소수점 아래 끝자리가 0이면 소수점과 0은 생략합니다.

TIP
소수점끼리 자리를 맞추고 일의 자리부터 자연수의 뺄셈과 같은 방법으로 계산합니다. 답을 쓸 때 소수점을 찍지 않는 실수를 하지 않도록 주의합니다.

🌱 소수의 뺄셈을 하세요.

```
    3 10
    4.5          1 5.4          9.7
-   0.8       -   7.4       -   2.8
    3.7            8            6.9
```

```
    0.8          1.2         2 6.5
-   0.3       -   0.9       -   7.6
    0.5          0.3         1 8.9
```

```
  1 8.3        3 8.2         4 5.7
-   7.7       - 1 6.5       -   0.9
  1 0.6        2 1.7         3 4.8
```

```
    8.4          4 2.5        2 2.3
-   4.6       -   9.6       -   7.5
    3.8          3 2.9        1 4.8
```

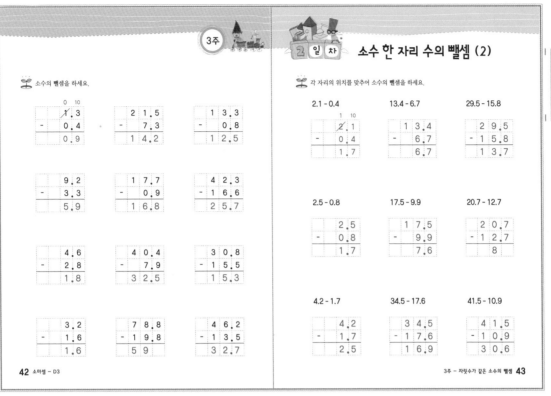

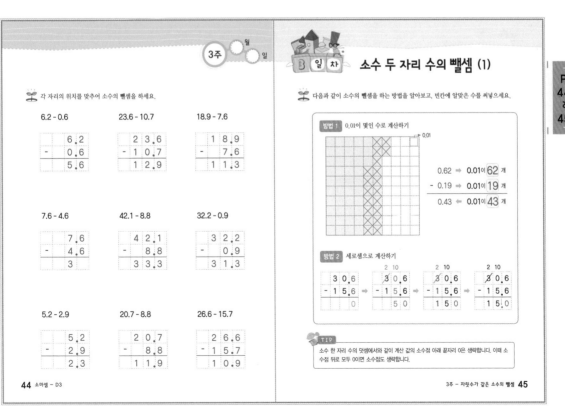

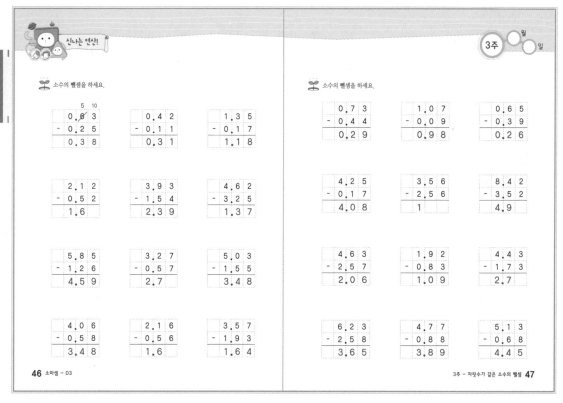

신나는 연산!

3주 월 일

소수의 뺄셈을 하세요.

0.63 − 0.25 = 0.38	0.42 − 0.11 = 0.31	1.35 − 0.17 = 1.18
2.12 − 0.52 = 1.6	3.93 − 1.54 = 2.39	4.62 − 3.25 = 1.37
5.85 − 1.26 = 4.59	3.27 − 0.57 = 2.7	5.03 − 1.55 = 3.48
4.06 − 0.58 = 3.48	2.16 − 0.56 = 1.6	3.57 − 1.93 = 1.64

소수의 뺄셈을 하세요.

0.73 − 0.44 = 0.29	1.07 − 0.09 = 0.98	0.65 − 0.39 = 0.26
4.25 − 0.17 = 4.08	3.56 − 2.56 = 1	8.42 − 3.52 = 4.9
4.63 − 2.57 = 2.06	1.92 − 0.83 = 1.09	4.43 − 1.73 = 2.7
6.23 − 2.58 = 3.65	4.77 − 0.88 = 3.89	5.13 − 0.68 = 4.45

46 소마셈 – D3

3주 – 자릿수가 같은 소수의 뺄셈 47

---

4 일 차　소수 두 자리 수의 뺄셈 (2)

3주 일 일

각 자리의 위치를 맞추어 소수의 뺄셈을 하세요.

0.76 − 0.18	1.53 − 0.73	4.08 − 1.29
0.76 − 0.18 = 0.58	1.53 − 0.73 = 0.8	4.08 − 1.29 = 2.79

0.91 − 0.76	3.28 − 0.09	6.56 − 1.78
0.91 − 0.76 = 0.15	3.28 − 0.09 = 3.19	6.56 − 1.78 = 4.78

3.05 − 1.26	4.45 − 0.75	5.22 − 3.83
3.05 − 1.26 = 1.79	4.45 − 0.75 = 3.7	5.22 − 3.83 = 1.39

각 자리의 위치를 맞추어 소수의 뺄셈을 하세요.

1.45 − 0.55	0.84 − 0.35	2.06 − 1.33
1.45 − 0.55 = 0.9	0.84 − 0.35 = 0.49	2.06 − 1.33 = 0.73

4.69 − 1.54	6.75 − 3.59	5.94 − 1.93
4.69 − 1.54 = 3.15	6.75 − 3.59 = 3.16	5.94 − 1.93 = 4.01

5.81 − 4.78	7.08 − 4.69	5.34 − 1.59
5.81 − 4.78 = 1.03	7.08 − 4.69 = 2.39	5.34 − 1.59 = 3.75

48 소마셈 – D3

3주 – 자릿수가 같은 소수의 뺄셈 49

5 일 차 소수 뺄셈 퍼즐

🌱 각 줄에 있는 두 수의 차를 빈칸에 써넣으세요.

🌱 각 줄에 있는 두 수의 차를 빈칸에 써넣으세요.

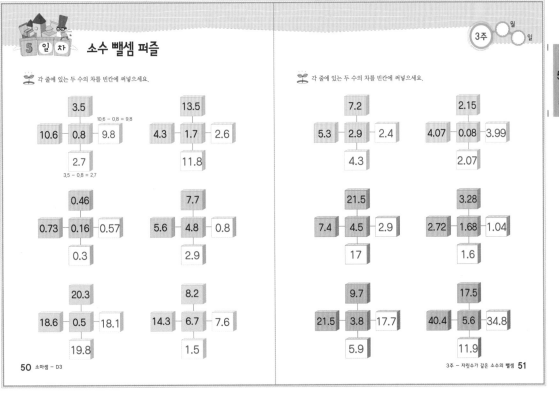

1 일 차 소수 한 자리 수와 소수 몇 자리 수 뺄셈

🌱 다음과 같이 소수의 뺄셈을 하는 방법을 알아보고, 빈칸에 알맞은 수를 써넣으세요.

🌱 소수의 뺄셈을 하세요.

방법 1 0.01이 몇인 수로 계산하기

6.35 ➡ 0.01이 **635** 개
- 0.7 ➡ 0.01이 **70** 개
5.65 ⬅ 0.01이 **565** 개

5.8 ➡ 0.01이 **580** 개
- 1.35 ➡ 0.01이 **135** 개
4.45 ⬅ 0.01이 **445** 개

방법 2 세로셈으로 계산하기

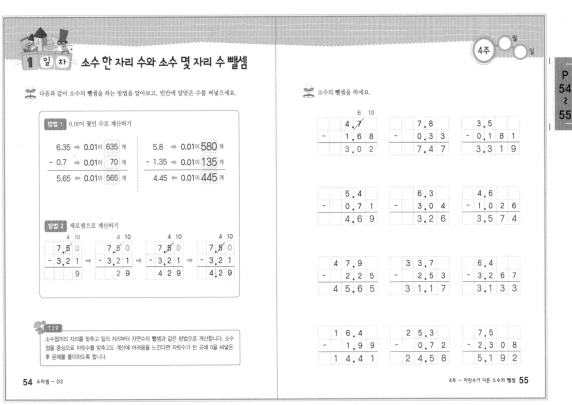

TIP
소수점끼리 자리를 맞추고 일의 자리부터 자연수의 뺄셈과 같은 방법으로 계산합니다. 소수점을 중심으로 자릿수를 맞추고도 계산에 어려움을 느낀다면 자릿수가 빈 곳에 0을 써넣은 후 문제를 풀이하도록 합니다.

정답

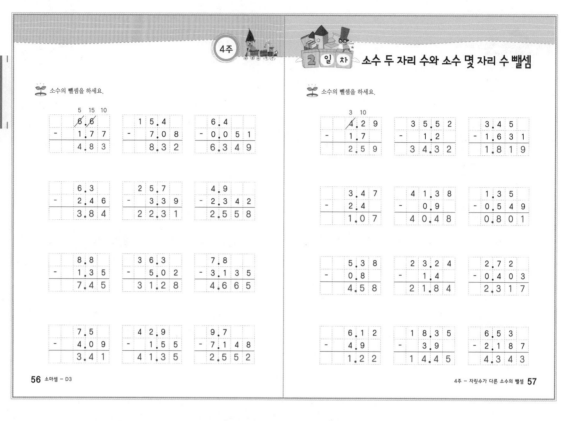

4주

2일차 소수 두 자리 수와 소수 몇 자리 수 뺄셈

🌱 소수의 뺄셈을 하세요.

```
   5 15 10
    6.6          1 5.4          6.4
  - 1.77        - 7.08        - 0.051
    4.83          8.32          6.349
```

```
    6.3          2 5.7          4.9
  - 2.46        - 3.39        - 2.342
    3.84         2 2.31         2.558
```

```
    8.8          3 6.3          7.8
  - 1.35        - 5.02        - 3.135
    7.45         3 1.28         4.665
```

```
    7.5          4 2.9          9.7
  - 4.09        - 1.55        - 7.148
    3.41         4 1.35         2.552
```

🌱 소수의 뺄셈을 하세요.

```
     3 10
    4.29         3 5.52         3.45
  - 1.7         - 1.2         - 1.631
    2.59         3 4.32         1.819
```

```
    3.47         4 1.38         1.35
  - 2.4         - 0.9         - 0.549
    1.07         4 0.48         0.801
```

```
    5.38         2 3.24         2.72
  - 0.8         - 1.4         - 0.403
    4.58         2 1.84         2.317
```

```
    6.12         1 8.35         6.53
  - 4.9         - 3.9         - 2.187
    1.22         1 4.45         4.343
```

56 소마셈 - D3

4주 - 자릿수가 다른 소수의 뺄셈 57

4주

3일차 자릿수가 다른 소수의 뺄셈

🌱 소수의 뺄셈을 하세요.

```
     4 10
    5.34          7.12          4.93
  - 1.9         - 4.4         - 0.712
    3.44          2.72          4.218
```

```
    4.45          6.83          5.46
  - 2.7         - 3.5         - 2.108
    1.75          3.33          3.352
```

```
   1 6.27        2 6.33         8.27
  - 1.8         - 4.2         - 5.117
   1 4.47        2 2.13         3.153
```

```
   4 2.63        3 1.57         7.54
  - 2.6         - 2.8         - 3.209
   4 0.03        2 8.77         4.331
```

🌱 각 자리의 위치를 맞추어 소수의 뺄셈을 하세요.

4.6 - 1.57   17.2 - 4.36   5.3 - 1.045

```
     5 10
    4.6          1 7.2          5.3
  - 1.57        - 4.36        - 1.045
    3.03         1 2.84         4.255
```

7.5 - 1.21   8.54 - 5.7   35.63 - 4.8

```
    7.5          8.54          3 5.63
  - 1.21       - 5.7          - 4.8
    6.29         2.84         3 0.83
```

5.37 - 3.6   15.88 - 5.6   6.5 - 2.234

```
    5.37         1 5.88         6.5
  - 3.6         - 5.6         - 2.234
    1.77         1 0.28         4.266
```

58 소마셈 - D3

4주 - 자릿수가 다른 소수의 뺄셈 59

자연수와 소수의 뺄셈

각 자리의 위치를 맞추어 소수의 뺄셈을 하세요.

8.7 - 5.17
```
   8.7
-  5.17
   3.53
```

5.3 - 2.64
```
   5.3
-  2.64
   2.66
```

26.43 - 2.9
```
  26.43
-   2.9
  23.53
```

26.5 - 2.46
```
  26.5
-  2.46
  24.04
```

7.54 - 6.8
```
   7.54
-  6.8
   0.74
```

42.57 - 7.7
```
  42.57
-   7.7
  34.87
```

18.3 - 5.19
```
  18.3
-  5.19
  13.11
```

5.4 - 2.144
```
   5.4
-  2.144
   3.256
```

7.85 - 0.527
```
   7.85
-  0.527
   7.323
```

다음과 같이 (자연수) − (소수)의 방법을 알아보고, 빈칸에 알맞은 수를 써넣으세요.

3.54가 소수 두 자리 수이므로 7을 소수 두 자리 수로 만듭니다. (7 → 7.00)

18 - 4.5 = 13.5
35 - 12.1 = 22.9
9 - 1.65 = 7.35

62 - 7.7 = 54.3
43 - 16.8 = 26.2
26 - 2.34 = 23.66

126 - 0.9 = 125.1
8 - 2.17 = 5.83
38 - 12.37 = 25.63

TIP 소수점을 중심으로 자연수와 소수를 같은 자릿수끼리 줄을 맞추어 쓰고 계산합니다. 특히 뺄셈의 경우 자릿수가 빈 곳에 0을 써넣은 후 계산하는 것이 실수를 줄이는 방법입니다.

각 자리의 위치를 맞추어 소수의 뺄셈을 하세요.

27 - 3.6
```
  27
-  3.6
  23.4
```

4 - 0.45
```
  4
-  0.45
  3.55
```

19 - 10.6
```
  19
- 10.6
   8.4
```

53 - 8.1
```
  53
-  8.1
  44.9
```

36 - 19.4
```
  36
- 19.4
  16.6
```

15 - 3.27
```
  15
-  3.27
  11.73
```

108 - 1.7
```
  108
-   1.7
  106.3
```

23 - 15.9
```
  23
- 15.9
   7.1
```

47 - 11.33
```
  47
- 11.33
  35.67
```

다음과 같이 (소수) − (자연수)의 방법을 알아보고, 빈칸에 알맞은 수를 써넣으세요.

23.5가 소수 한 자리 수이므로 5를 소수 한 자리 수로 만듭니다. (5 → 5.0)

15.7 - 8 = 7.7
30.4 - 9 = 21.4
7.29 - 4 = 3.29

25.7 - 13 = 12.7
8.08 - 3 = 5.08
12.74 - 10 = 2.74

40.6 - 25 = 15.6
13.51 - 8 = 5.51
5.251 - 3 = 2.251

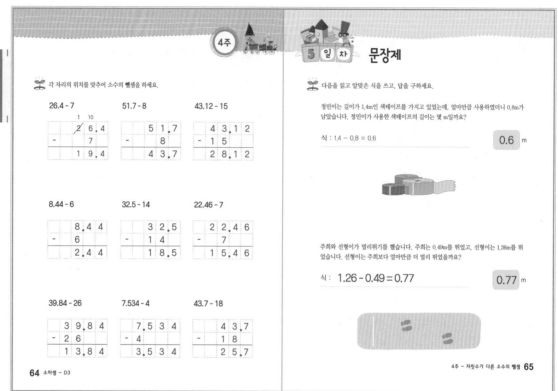

각 자리의 위치를 맞추어 소수의 뺄셈을 하세요.

26.4 - 7

		1	10	
	2̸	6 .	4	
-			7	
	1	9 .	4	

51.7 - 8

	5	1 .	7
-			8
	4	3 .	7

43.12 - 15

	4	3 .	1	2
-		1	5	
	2	8 .	1	2

8.44 - 6

		8 .	4	4
-		6		
		2 .	4	4

32.5 - 14

	3	2 .	5
-		1	4
	1	8 .	5

22.46 - 7

	2	2 .	4	6
-			7	
	1	5 .	4	6

39.84 - 26

	3	9 .	8	4
-	2	6		
	1	3 .	8	4

7.534 - 4

	7 .	5	3	4
-	4			
	3 .	5	3	4

43.7 - 18

	4	3 .	7
-	1	8	
	2	5 .	7

5 일 차 문장제

다음을 읽고 알맞은 식을 쓰고, 답을 구하세요.

정민이는 길이가 1.4m인 색테이프를 가지고 있었는데, 얼마만큼 사용하였더니 0.8m가 남았습니다. 정민이가 사용한 색테이프의 길이는 몇 m일까요?

식 : 1.4 - 0.8 = 0.6

0.6 m

주희와 선형이가 멀리뛰기를 했습니다. 주희는 0.49m를 뛰었고, 선형이는 1.26m를 뛰었습니다. 선형이는 주희보다 얼마만큼 더 멀리 뛰었을까요?

식 : 1.26 - 0.49 = 0.77

0.77 m

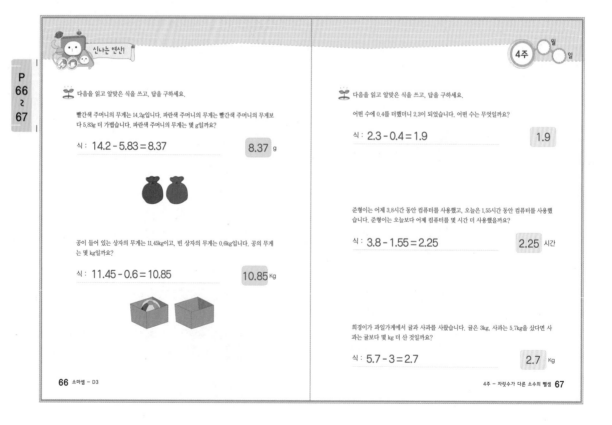

신나는 연산!

다음을 읽고 알맞은 식을 쓰고, 답을 구하세요.

빨간색 주머니의 무게는 14.2g입니다. 파란색 주머니의 무게는 빨간색 주머니의 무게보다 5.83g 더 가볍습니다. 파란색 주머니의 무게는 몇 g일까요?

식 : 14.2 - 5.83 = 8.37

8.37 g

공이 들어 있는 상자의 무게는 11.45kg이고, 빈 상자의 무게는 0.6kg입니다. 공의 무게는 몇 kg일까요?

식 : 11.45 - 0.6 = 10.85

10.85 kg

4주 일 일

다음을 읽고 알맞은 식을 쓰고, 답을 구하세요.

어떤 수에 0.4를 더했더니 2.3이 되었습니다. 어떤 수는 무엇일까요?

식 : 2.3 - 0.4 = 1.9

1.9

준형이는 어제 3.8시간 동안 컴퓨터를 사용했고, 오늘은 1.55시간 동안 컴퓨터를 사용했습니다. 준형이는 오늘보다 어제 컴퓨터를 몇 시간 더 사용했을까요?

식 : 3.8 - 1.55 = 2.25

2.25 시간

희경이가 과일가게에서 귤과 사과를 샀습니다. 귤은 3kg, 사과는 5.7kg을 샀다면 사과는 귤보다 몇 kg 더 산 것일까요?

식 : 5.7 - 3 = 2.7

2.7 kg

🌱 다음을 읽고 알맞은 식을 쓰고, 답을 구하세요.

현정이의 가방 무게는 2.94kg이고, 은아의 가방 무게는 1.08kg입니다. 현정이의 가방은 은아의 가방보다 몇 kg 더 무거울까요?

식 : 2.94 - 1.08 = 1.86   1.86 ㎏

태호는 한 시간에 2.365km를, 태형이는 3.87km를 걸었습니다. 태형이는 태호보다 몇 km를 더 걸었을까요?

식 : 3.87 - 2.365 = 1.505   1.505 ㎞

찬우의 키는 138cm입니다. 태균이는 찬우의 키보다 7.24cm 더 작습니다. 태균이의 키는 몇 cm일까요?

식 : 138 - 7.24 = 130.76   130.76 ㎝

68 소마셈 - D3

1주차 (drill)   자릿수가 같은 소수의 덧셈

소수의 덧셈을 하세요.

	0 . 7
+	4 . 8
	5 . 5

	3 . 5
+ 2	0 . 7
2	4 . 2

	6 . 4
+ 1	4 . 6
2	1

	4 . 6
+	5 . 5
1	0 . 1

1	5 . 6
+	4 . 6
2	0 . 2

	3 . 5
+ 2	4 . 5
2	8

	7 . 8
+	0 . 3
	8 . 1

2	5 . 9
+	6 . 9
3	2 . 8

2	9 . 5
+	8 . 8
3	8 . 3

	0 . 4
+ 2	2 . 9
2	3 . 3

3	5 . 5
+ 1	0 . 4
4	5 . 9

1	4 . 5
+ 2	3 . 7
3	8 . 2

70 소마셈 - D3

소수의 덧셈을 하세요.

	0 . 4 5
+	2 . 3 5
	2 . 8

	1 . 3 4
+	3 . 5 6
	4 . 9

	0 . 0 7
+	3 . 6 7
	3 . 7 4

	2 . 5 6
+	3 . 2 9
	5 . 8 5

	5 . 7 8
+	2 . 5 7
	8 . 3 5

	7 . 0 6
+	0 . 4 2
	7 . 4 8

	0 . 2 1
+	0 . 4 5
	0 . 6 6

	4 . 4 5
+	3 . 4 7
	7 . 9 2

	5 . 4 6
+	1 . 2 4
	6 . 7

	2 . 4 4
+	4 . 1 9
	6 . 6 3

	1 . 5 8
+	1 . 4 3
	3 . 0 1

	3 . 6 3
+	5 . 5 6
	9 . 1 9

Drill - 보충학습 71

P 72 ~ 73

1주차

각 자리의 위치를 맞추어 소수의 덧셈을 하세요.

4.3 + 2.9

```
    4.3
+   2.9
    7.2
```

8.6 + 13.4

```
    8.6
+ 13.4
  2 2
```

10.3 + 7.1

```
  10.3
+  7.1
  17.4
```

5.8 + 6.4

```
    5.8
+   6.4
  1 2.2
```

15.3 + 7.9

```
  15.3
+  7.9
  2 3.2
```

21.3 + 15.8

```
  21.3
+ 15.8
  37.1
```

7.24 + 1.66

```
  7.24
+ 1.66
  8.9
```

3.5 + 16.5

```
    3.5
+ 16.5
  2 0
```

21.4 + 3.6

```
  21.4
+  3.6
  2 5
```

각 자리의 위치를 맞추어 소수의 덧셈을 하세요.

4.4 + 7.7

```
    4.4
+   7.7
  1 2.1
```

6.8 + 42.4

```
    6.8
+ 42.4
  49.2
```

3.65 + 0.74

```
  3.65
+ 0.74
  4.39
```

7.4 + 16.5

```
    7.4
+ 16.5
  2 3.9
```

13.3 + 0.7

```
  13.3
+  0.7
  1 4
```

45.3 + 22.2

```
  45.3
+ 22.2
  67.5
```

10.2 + 8.9

```
  10.2
+  8.9
  19.1
```

4.35 + 0.06

```
  4.35
+ 0.06
  4.41
```

13.7 + 28.5

```
  13.7
+ 28.5
  4 2.2
```

P 74 ~ 75

2주차

자릿수가 다른 소수의 덧셈

소수의 덧셈을 하세요.

```
    3.6
+   0.57
    4.17
```

```
  1 6.5
+   0.75
  1 7.25
```

```
    2.8
+ 2.058
  4.858
```

```
    1.7
+ 2 8.41
  3 0.11
```

```
    0.6
+   4.77
    5.37
```

```
  2.456
+ 1.6
  4.056
```

```
  2 4.92
+   5.6
  3 0.52
```

```
    4.54
+ 1 7.6
  2 2.14
```

```
  1.422
+ 2.38
  3.802
```

```
    7.36
+ 5
  1 2.36
```

```
    4.9
+ 1 4.24
  1 9.14
```

```
  6.01
+ 3.884
  9.894
```

소수의 덧셈을 하세요.

```
    9
+   2.35
  1 1.35
```

```
    2 7
+   1 9.9
    4 6.9
```

```
  8.15
+ 1 4
  2 2.15
```

```
  1 0.5
+ 3 4.77
  4 5.27
```

```
  1.82
+ 0.8
  2.62
```

```
  3.502
+ 1.9
  5.402
```

```
    4.8
+   3.26
    8.06
```

```
    4.2
+ 1 7.53
  2 1.73
```

```
  2.4
+ 5.664
  8.064
```

```
  7.56
+ 3.9
  1 1.46
```

```
  4.367
+ 0.55
  4.917
```

```
  0.27
+ 1.942
  2.212
```

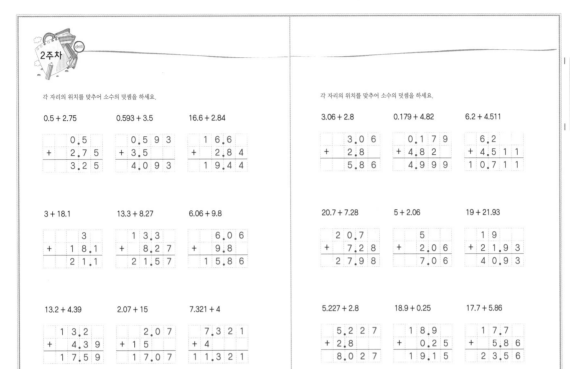

2주차

각 자리의 위치를 맞추어 소수의 덧셈을 하세요.

0.5 + 2.75

```
    0.5
+  2.75
   3.25
```

0.593 + 3.5

```
  0.593
+ 3.5
  4.093
```

16.6 + 2.84

```
  16.6
+  2.84
  19.44
```

3 + 18.1

```
     3
+ 18.1
  21.1
```

13.3 + 8.27

```
  13.3
+  8.27
  21.57
```

6.06 + 9.8

```
  6.06
+ 9.8
 15.86
```

13.2 + 4.39

```
  13.2
+  4.39
  17.59
```

2.07 + 15

```
   2.07
+ 15
  17.07
```

7.321 + 4

```
  7.321
+ 4
 11.321
```

각 자리의 위치를 맞추어 소수의 덧셈을 하세요.

3.06 + 2.8

```
  3.06
+ 2.8
  5.86
```

0.179 + 4.82

```
  0.179
+ 4.82
  4.999
```

6.2 + 4.511

```
  6.2
+ 4.511
 10.711
```

20.7 + 7.28

```
  20.7
+  7.28
  27.98
```

5 + 2.06

```
     5
+ 2.06
  7.06
```

19 + 21.93

```
  19
+ 21.93
  40.93
```

5.227 + 2.8

```
  5.227
+ 2.8
  8.027
```

18.9 + 0.25

```
  18.9
+  0.25
  19.15
```

17.7 + 5.86

```
  17.7
+  5.86
  23.56
```

76 소마셈 – D3

Drill – 보충학습 77

3주차 자릿수가 같은 소수의 뺄셈

소수의 뺄셈을 하세요.

```
   4.3
-  0.7
   3.6
```

```
  20.6
-  5.4
  15.2
```

```
  17.3
-  0.9
  16.4
```

```
   8.3
-  4.6
   3.7
```

```
  23.7
-  0.8
  22.9
```

```
  31.5
- 15.6
  15.9
```

```
   6.2
-  2.9
   3.3
```

```
  30.8
-  6.9
  23.9
```

```
  27.8
- 19.9
   7.9
```

```
   3.3
-  1.7
   1.6
```

```
  45.3
- 19.2
  26.1
```

```
  42.3
- 13.7
  28.6
```

소수의 뺄셈을 하세요.

```
  0.52
- 0.28
  0.24
```

```
  3.06
- 0.18
  2.88
```

```
  1.62
- 0.45
  1.17
```

```
  3.22
- 0.18
  3.04
```

```
  4.16
- 2.55
  1.61
```

```
  7.02
- 3.66
  3.36
```

```
  3.64
- 2.53
  1.11
```

```
  1.88
- 0.99
  0.89
```

```
  5.42
- 1.35
  4.07
```

```
  6.72
- 2.42
  4.3
```

```
  5.78
- 1.09
  4.69
```

```
  4.22
- 0.74
  3.48
```

78 소마셈 – D3

Drill – 보충학습 79

3주차

각 자리의 위치를 맞추어 소수의 뺄셈을 하세요.

3.3 - 0.8	16.4 - 8.5	0.73 - 0.28
3.3 - 0.8 2.5	16.4 - 8.5 7.9	0.73 - 0.28 0.45

2.1 - 1.9	18.3 - 2.6	3.17 - 0.26
2.1 - 1.9 0.2	18.3 - 2.6 15.7	3.17 - 0.26 2.91

4.7 - 2.8	23.5 - 13.6	2.04 - 1.39
4.7 - 2.8 1.9	23.5 - 13.6 9.9	2.04 - 1.39 0.65

각 자리의 위치를 맞추어 소수의 뺄셈을 하세요.

5.6 - 0.7	20.4 - 14.7	16.6 - 9.6
5.6 - 0.7 4.9	20.4 - 14.7 5.7	16.6 - 9.6 7

7.7 - 2.8	32.4 - 13.8	9.26 - 3.82
7.7 - 2.8 4.9	32.4 - 13.8 18.6	9.26 - 3.82 5.44

19.6 - 11.7	4.98 - 0.29	7.32 - 5.17
19.6 - 11.7 7.9	4.98 - 0.29 4.69	7.32 - 5.17 2.15

4주차   자릿수가 다른 소수의 뺄셈

소수의 뺄셈을 하세요.

5.4 - 1.87 3.53	13.3 - 8.21 5.09	5.3 - 0.035 5.265
43 - 6.2 36.8	24.6 - 1.26 23.34	4.8 - 2.241 2.559
7.6 - 1.34 6.26	5 - 1.35 3.65	21.4 - 8 13.4
6.4 - 2.08 4.32	34.7 - 0.25 34.45	8.6 - 4.138 4.462

소수의 뺄셈을 하세요.

3.56 - 2.7 0.86	16.62 - 1.4 15.22	3.25 - 1.722 1.528
5.38 - 2.3 3.08	6.37 - 2 4.37	4.774 - 2 2.774
34 - 11.6 22.4	24.47 - 2.6 21.87	3.52 - 0.415 3.105
5.26 - 4.8 0.46	39.36 - 2.9 36.46	5.51 - 2.163 3.347

4주차

각 자리의 위치를 맞추어 소수의 뺄셈을 하세요.

5.3 - 3.23

```
      5.3
  -   3.2 3
      2.0 7
```

6.5 - 2.26

```
      6.5
  -   2.2 6
      4.2 4
```

3 - 0.68

```
      3
  -   0.6 8
      2.3 2
```

17.3 - 2.65

```
    1 7.3
  -   2.6 5
    1 4.6 5
```

123 - 2.6

```
    1 2 3
  -     2.6
    1 2 0.4
```

24.53 - 8.9

```
    2 4.5 3
  -   8.9
    1 5.6 3
```

24.3 - 6.28

```
    2 4.3
  -   6.2 8
    1 8.0 2
```

6.1 - 3.123

```
      6.1
  -   3.1 2 3
      2.9 7 7
```

7.92 - 0.416

```
      7.9 2
  -   0.4 1 6
      7.5 0 4
```

각 자리의 위치를 맞추어 소수의 뺄셈을 하세요.

4.52 - 1.8

```
      4.5 2
  -   1.8
      2.7 2
```

19.2 - 3.29

```
    1 9.2
  -   3.2 9
    1 5.9 1
```

6.4 - 1.305

```
      6.4
  -   1.3 0 5
      5.0 9 5
```

7.6 - 1.83

```
      7.6
  -   1.8 3
      5.7 7
```

32.6 - 8

```
    3 2.6
  -     8
    2 4.6
```

19 - 3.7

```
    1 9
  -   3.7
    1 5.3
```

5.34 - 2.6

```
      5.3 4
  -   2.6
      2.7 4
```

14.82 - 5.1

```
    1 4.8 2
  -   5.1
      9.7 2
```

20.46 - 3

```
    2 0.4 6
  -     3
    1 7.4 6
```

P
84
~
85

84 소마셈 – D3

Drill – 보충학습 85

정답 **105**

Note